D1617841

Reise durch

LONDON

Bilder von
Tina und Horst Herzig

Texte von
Georg Schwikart

Stürtz

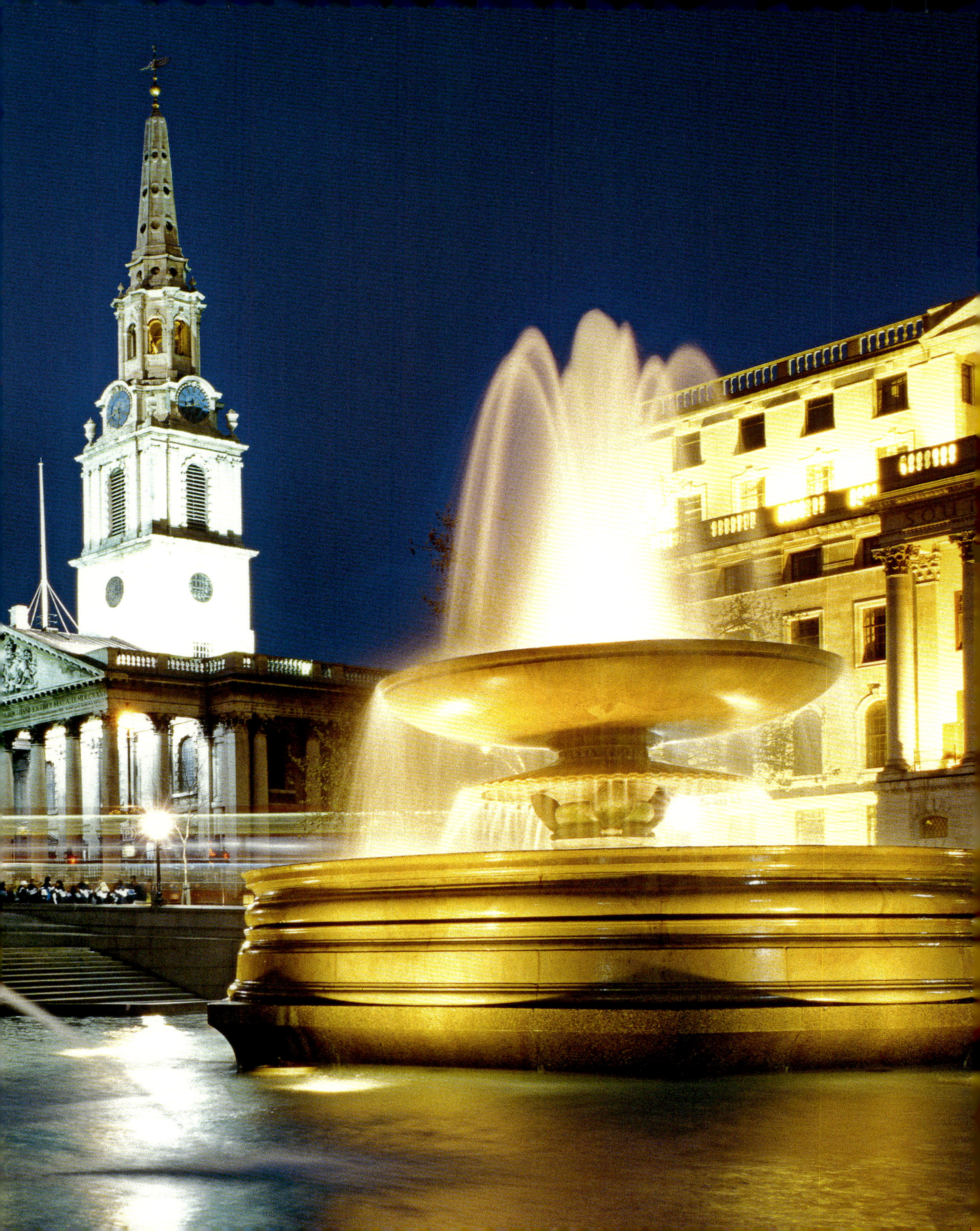

Erste Seite: 🔊
Zwei Wahrzeichen Londons. Fast fünfzig Jahre lang verkehrten bis 2005 die roten Doppeldecker-Busse im Linienverkehr. Einige Exemplare werden als Touristenattraktion „Heritage Routemaster" in Betrieb gehalten. Im Hintergrund: die Tower Bridge.

Vorherige Seite: 🔊
Brunnen am Trafalgar Square, dem größten öffentlichen Platz Londons. An seiner Nordostecke steht das Reiterstandbild König Georgs IV., im Hintergrund die Kirche St Martin-in-the-Fields.

Unten: 🔊
Die Wachablösung – „Changing of the Guard" – an der Rückseite des Buckingham-Palasts findet fast täglich statt.

Seite 10/11:
Das anlässlich der Jahrtausendwende errichtete Riesenrad „London Eye" am südlichen Themseufer war mit einer Höhe von 135,36 Metern bis Anfang 2006 das höchste Riesenrad der Welt.

Inhalt

12
Weltstadt London

26
Im Herzen Londons
Seite 38
Buckingham Palace –
Residenz der Monarchie
Seite 64
Underground – die
größte U-Bahn der Welt

78
Der historische Kern
Seite 96
Das Pub – eine
britische Institution

116
Südlich der Themse
Seite 124
Weltberühmter
Meisterdetektiv –
Sherlock Holmes

134 Register
135 Karte
136 Impressum

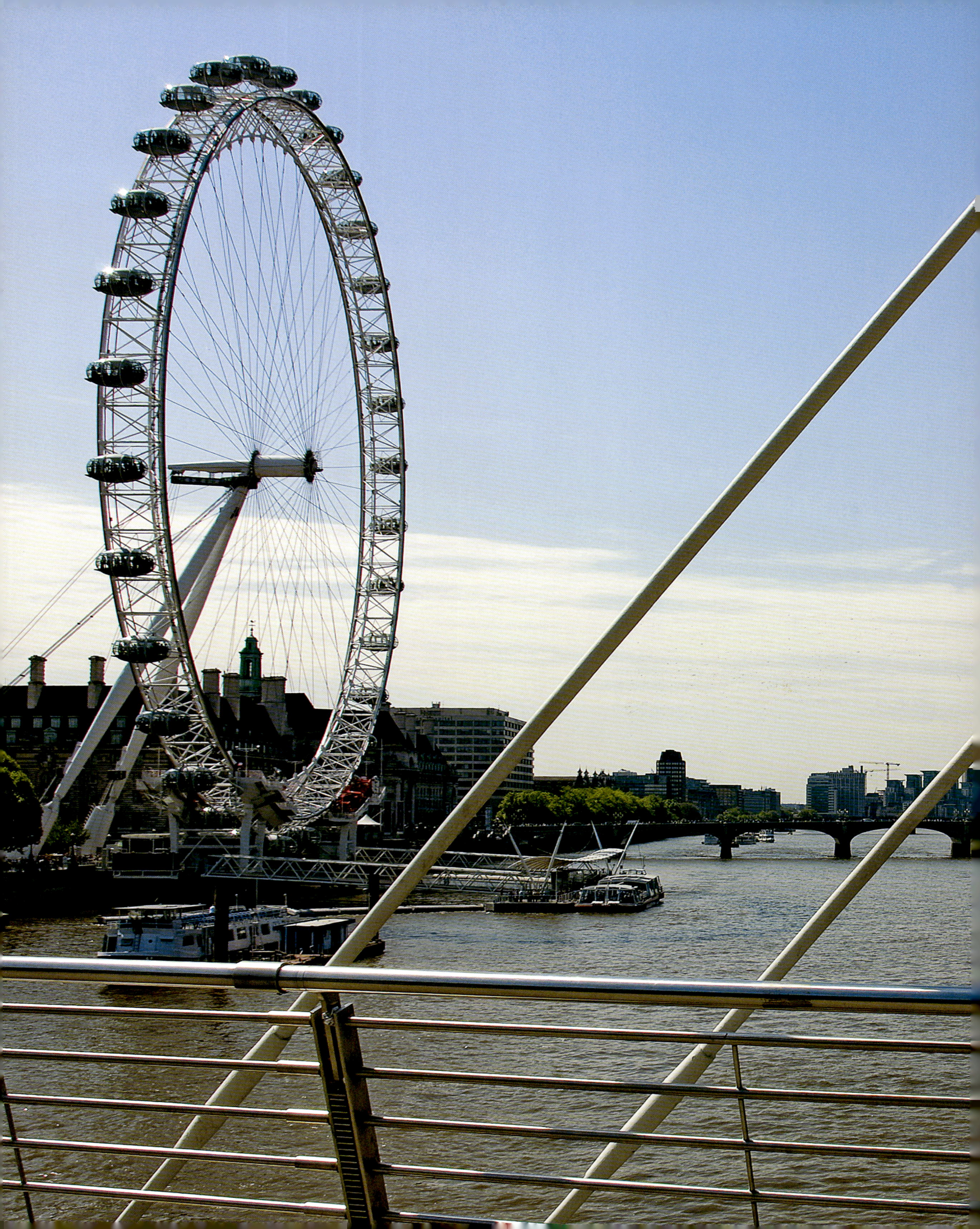

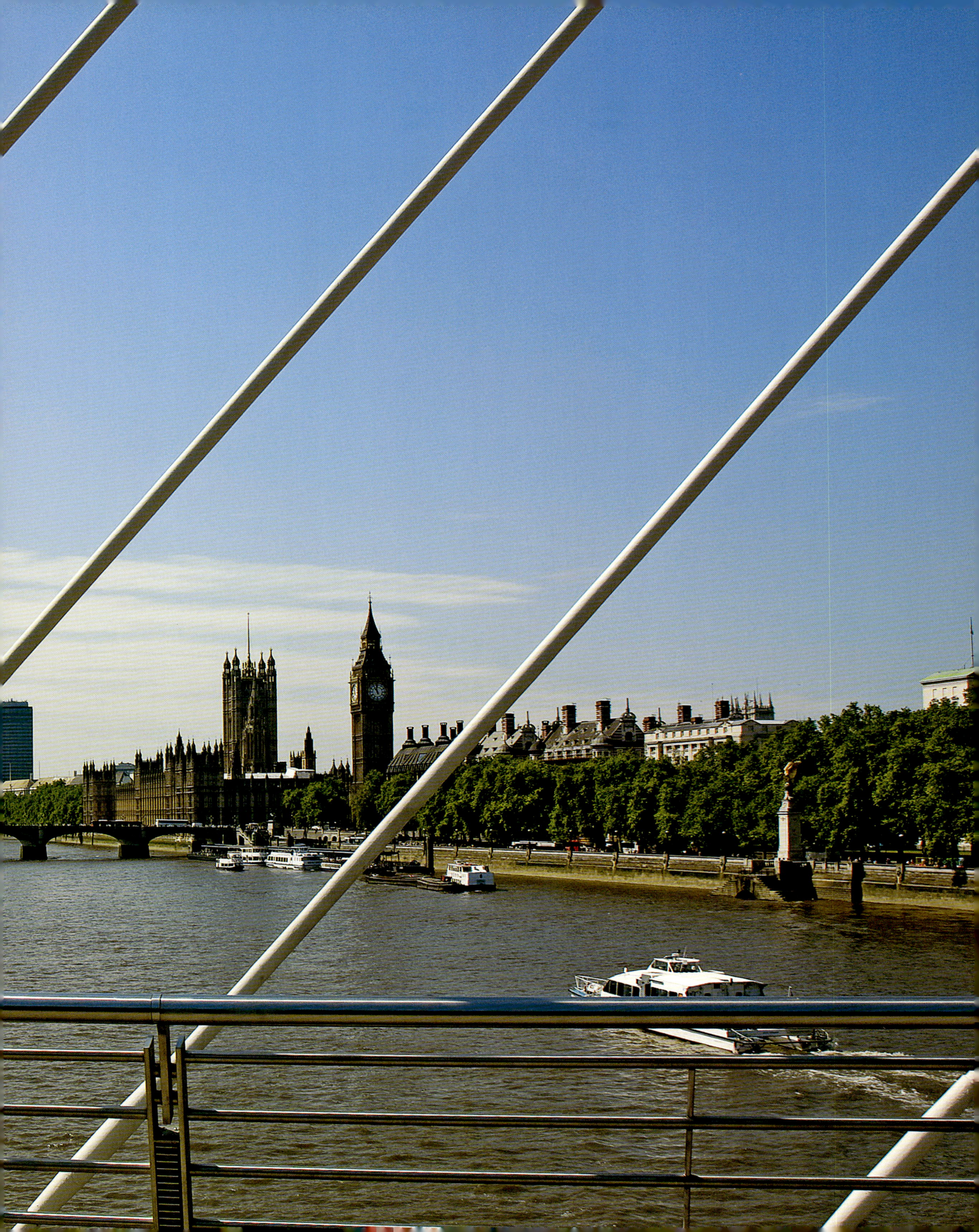

Weltstadt London

Wie die Doppeldecker-Busse, so sind auch die roten Telefonzellen ein Auslaufmodell. Immer mehr „boxes" werden abgebaut und – wenn überhaupt – durch moderne rollstuhlgerechte Modelle ersetzt.

London war einfach eine Weltstadt – ich hab's gespürt, ich hab's gerochen, ich hab's geschmeckt. So etwas gab es bei uns in Deutschland einfach nicht", erinnert sich der Talkmaster Alfred Biolek an seine erste Begegnung mit der britischen Hauptstadt in den 1960er-Jahren. Bis heute ist diese Metropole ein Ort voller Gegensätze, mit tosendem Lärm und ergreifender Stille, protziger Prachtentfaltung und bitterer Armut, lähmender Monotonie und dem aufregend Neuen. Das gilt es zu bedenken, wenn man London entdecken will. Es gibt immens viel zu sehen und zu erleben; die Entfernungen sind weitläufig, der Verkehr mörderisch, das Klima tückisch, die Preise hoch. London ist anstrengend, aber die Mühe lohnt sich!

Auch wer noch nie in dieser Stadt war, hat Bilder von ihr im Kopf – schon, weil solche die Englischbücher in der Schule illustrierten: Big Ben und die Tower Bridge, rote Doppeldeckerbusse und rote Telefonzellen, den quirligen Piccadilly Circus, Soldaten der Scots Guards mit ihren dicken Bärenfellmützen vor dem Buckingham-Palast, oder einen Bobby, der vor Downing Street No. 10 Wache steht. Zu den typischen Vorstellungen von London gehört wohl auch mystischer Nebel, der in alten Edgar-Wallace-Krimis die Spannung steigert. Der irische Poet und Dandy Oscar Wilde scherzte einst, London sei „allzusehr erfüllt von Nebel und ernsthaften Leuten. Ob die Nebel die ernsthaften Leute oder die ernsthaften Leute die Nebel hervorbringen, weiß ich nicht genau".

Die Themse führt noch die Gezeiten der Nordsee mit sich in die Stadt, und damit viel Feuchtigkeit. Vor allem im Winter hielten sich früher die Nebel zäh, doch auch hier zeigen sich die Auswirkungen des Klimawandels; wer dicken, grauen London-Nebel sehen möchte, wird heutzutage meistens enttäuscht. Vom 5. Dezember

1952 bis zum März 1953 führte er jedoch zu einer dramatischen Smog-Katastrophe, in deren Folge rund 12 000 Menschen an Atemwegserkrankungen starben. Die Gefahr dieser tödlichen Mischung aus Nebel, Ruß, Schwefeldioxid und Staub ist heute weitgehend gebannt, da die Heizungen nicht mehr mit Holz oder Kohle betrieben werden und die Fahrzeuge umweltfreundlicher geworden sind.

Stadt der Superlative

London ist auf jeden Fall eine Stadt der Superlative: Sie ist mit einer Ausdehnung von 1600 Quadratkilometern die flächengrößte Metropole der Erde, war einmal die größte Stadt der Welt, zählt heute mit rund 7,5 Millionen Einwohnern immer noch zu den internationalen Megacitys und überflügelt alle anderen Städte Westeuropas. London verfügt über das größte Riesenrad Europas, das „London Eye", und die älteste U-Bahn weltweit sowie über eine ganz besondere Mischung von Traditionsverbundenheit und Modernität. Multikulturelle Offenheit und altehrwürdige Rituale schließen einander hier nicht aus, Monarchie und Demokratie sind versöhnt, exzentrisch erscheinende Arroganz verträgt sich mit heiterer Selbstironie. Chance und Belastung zugleich ist die Zusammensetzung der Londoner Bevölkerung, die zu einem Fünftel aus den ehemaligen britischen Kolonien in Asien, Afrika und der Karibik stammt. Nicht alle haben den gesellschaftlichen Aufstieg geschafft; Leute mit wenig Geld und wenig Bildung leben, wie auch anderswo auf der Welt, in Ghettos an den Rändern der Stadt, die sozialen Sprengstoff bergen. Die Einwanderer haben ihre Sprachen mitgebracht (geschätzt: 300), ihre Kultur und ihre Religionen. 58 Prozent der Bevölkerung gehören einer christlichen Kirche an, doch gibt es deutlich wahrnehmbare Minderheiten von 8,5 Prozent Muslimen, 4,1 Prozent Hindus, 2,1 Prozent Juden und 1,5 Prozent Sikhs. Deren Moscheen, Synagogen, Bethäuser und Tempel bestimmen das Stadtbild mit. Der englische Dichter Ford Madox Ford stellte einst lakonisch fest, London liebe niemanden, es brauche niemanden; es toleriere alle Typen der Menschheit. Jochen Wittmann, ein intimer London-Kenner, schätzt die Fähigkeit Londons, alle Neuankömmlinge zu assimilieren: „Römer, Sachsen, Normannen, Iren und in späteren Zeiten Juden aus Deutschland, Schwarze aus der Karibik und Einwanderer vom indischen Subkontinent. Mit der Zeit werden aus allen Londoner: Ein Menschenschlag, der manch positiven Aspekt des britischen Charakters verdrängt hat (wie Freundlichkeit, Höflichkeit, Zuvorkommenheit), aber dafür vor Energie birst."

Von seinem rekonstruierten Globe Theatre aus mustert William Shakespeare dieses postmoderne Wohngebäude in seiner Nachbarschaft am südlichen Themseufer.

London verheißt keineswegs automatisch eine glänzende Karriere, aber diese Stadt hält wie kaum eine andere zahlreiche Möglichkeiten zur Entfaltung bereit. Das beweisen auch berühmte Persönlichkeiten, die in London geboren wurden. Erste Schreiberfahrungen sammelten in ihrer Geburtsstadt Autoren wie John Milton, William Blake, Gilbert Keith Chesterton, Virginia Woolf oder Enid Blyton. Als Maler wurde William Turner bekannt, als Fotografen Antony Armstrong-Jones (Lord Snowdon) und David Hamilton. In die Musikgeschichte eingegangen sind so unterschiedliche Komponisten wie Henry Purcell, Arthur Sullivan und der Meister des Musicals, Andrew Lloyd Webber, oder auch die Dirigenten John Barbirolli und Henry Wood, der Begründer der Londoner Promenadenkonzerte „Proms". Bekannte Schauspieler erblickten in London das Licht der Welt, wie Charlie Chaplin, Margaret Rutherford, Alec Guinness, Peter Ustinov und Hugh Grant. Filmgeschichte schrieben Regisseure wie Alfred Hitchcock und David Lean. Zu der aus London stammenden Prominenz zählen auch Popstars wie David Bowie, Kate Bush, Phil Collins, Elton John, Yusuf Islam (Cat Stevens) und Rod Stewart. Schönheitsideale wurden und werden geprägt von Londoner Models wie Twiggy, Naomi Campbell und Kate Moss. Nach dem Astronomen Edmond Halley ist der gleichnamige Komet benannt, nach dem Arzt James Parkinson die Krankheit. Howard Carter, Archäologe und Ägyptologe, entdeckte das Grab des Tutanchamun. In der Geistesgeschichte nehmen der Philosoph Francis Bacon und der Kulturtheoretiker Arnold J. Toynbee bedeutende Positionen ein.

Suppe, Seife, Seelenheil

Dass London nicht das Paradies ist, besang Ralph McTell eindrucksvoll mit seinem erfolgreichen Lied „Streets of London", in dem er von dem alten Mann mit ausgetretenen Schuhen, ohne Haus, ohne Ziel erzählt, der wirklich einsam sei. Die Zustände waren zu Zeiten des kapitalistischen Aufschwungs im 19. Jahrhundert noch viel schlimmer. Damals ließ sich Pfarrer William Booth vom Elend der Slums im

Londoner East End erschüttern. Er gründete eine Freikirche mit dem martialisch klingenden Namen „Heilsarmee", die für ihren Kampf gegen das Elend und für die Rettung von Seelen militärisch strukturiert ist, inklusive der Einführung von Rängen, Uniformen und Symbolen. Das Motto seiner Bewegung lautet bis heute: „Suppe, Seife, Seelenheil" (Soup, Soap, and Salvation).

Viel älter jedoch ist die anglikanische Kirche, die um 1533 in London ihren Anfang nahm, als sich Heinrich VIII. mit dem Papst überwarf und sich selbst zum Oberhaupt der Kirche von England ausrief. Der König wollte seine Eheschließungen gegen katholisches Kirchenrecht durchsetzen und vor allem die Kirche enteignen, denn Rom besaß damals fast die Hälfte des Bodens im Lande. Seither war die englische Politik phasenweise von Antikatholizismus geprägt. 1701 schloss das Parlament durch den „Act of Settlement" Katholiken von der englischen beziehungsweise später britischen Thronfolge aus. Bis zum Emanzipationsgesetz von 1829 durften Katholiken weder wählen noch offizielle Ämter bekleiden. Hartnäckige Ressentiments gegen die „Papisten" machen sich hier und da bis heute bemerkbar. So ging eine gewisse Erschütterung durch Großbritannien, als der ehemalige Premierminister Tony Blair nur wenige Monate nach seinem Amtsverzicht 2007 von der anglikanischen zur katholischen Kirche wechselte.

Römerlager Londinium

Angefangen hat das große London einmal ganz klein: Nach der Eroberung Galliens führt der römische Feldherr Caesar in den Jahren 55 und 54 v. Chr. zwei Invasionen in Britannien durch, die letztlich scheitern. Kaum mehr als ein paar Kaufleute wagen von Gallien aus die Überquerung des Ärmelkanals. Erst zur Zeit des Kaisers Claudius gelingt den Römern im Jahr 43 nach der Zeitenwende die Eroberung Britanniens. Im Jahr 47 gründen sie das Lager Londinium, verkehrsgünstig am Lauf der Themse gelegen, mit direkter Verbindung zum Meer. Bald leben etwa 7500 Menschen dort. Der Grundstein der „City of London" ist gelegt.

Nur ein Dutzend Jahre später wird die Siedlung von aufständischen Kelten angegriffen und völlig niedergebrannt. Damit hätte ihre abwechslungsreiche Geschichte schon wieder enden können, wie noch manches Mal im Lauf der Jahrhunderte. Doch die Römer bauen Londinium wieder auf. Als sie im Jahr 410 ihre Legionen aus Britannien abziehen, leben weniger Menschen in der Stadt als in den Gründungsjahren. Ohne militärischen Schutz ist es für Angeln und Sachsen ein Leichtes, sie einzunehmen.

Ein fast unbewohntes Ruinenfeld bleibt zurück. Zwischen dem 7. und 9. Jahrhundert zieht neues Leben in die alten Mauern ein. Im Jahr 1000 zählt „Lundenburgh" an die 10 000 Einwohner – genug, um nach der Eroberung Britanniens im Jahr 1066 durch die Normannen anstelle von Winchester zur Hauptstadt des Königreichs England erkoren zu werden. 1209 baut man die erste steinerne Brücke über die Themse, die London Bridge. Bis 1750 wird sie die einzige Brücke in der Stadt bleiben; überall sonst muss man sich mit Fähren behelfen. Der Brückenbau führt zu einem Anstieg der Bevölkerung auf 100 000 Menschen um das Jahr 1300. Auf der Brücke entstehen Wohnbauten, Geschäfte, sogar eine Kapelle.

The Great Fire of London

Der große Boom setzt im 17. Jahrhundert ein. Man zieht in die Stadt, um Arbeit zu finden, Geschäfte zu machen; die Metropole dehnt sich aus, schluckt angrenzende Dörfer und Städte, wie etwa Westminster. 200 000 Menschen zählt London zu Beginn des 17. Jahrhunderts, fast doppelt so viele um 1650. Eine Ansammlung so vieler Menschen ist auch immer wieder besonderen Gefahren ausgesetzt. 1664/65 wütet die Pest im Süden Englands und fordert rund 100 000 Opfer, davon 70 000 in London. Durch „The Great Fire of London" vom 2. bis 5. September 1666 kommen zwar nur neun Menschen ums Leben, doch werden durch die Vernichtung von über 13 000 Häusern und 89 Kirchen rund 100 000 obdachlos. Vier Fünftel des mittelalterlichen Londons fallen den Flammen zum Opfer.

Nach dem Brand wird die Stadt neu aufgebaut. Damals beginnt die Verschiebung des Stadtzentrums nach Westen, ins West End, während die ärmeren Bevölkerungsschichten ins East End abgedrängt werden. Zum Ende des 17. Jahrhunderts ist London zum bedeutendsten Finanzzentrum der Welt geworden. Während des 18. Jahrhunderts wächst die Stadt über die historischen Grenzen hinaus. Neue Brücken über die Themse ermöglichen ihre Ausbreitung nach Süden. Ab 1790 verbindet der Oxford Canal die Themse mit den Midlands um Birmingham, was die Versorgung der Stadt mit Kohle vereinfacht.

London wird zur Millionenstadt

Die erste Volkszählung am 10. März 1801 nennt die exakte Zahl von 1 096 784 Londonern. Die rasante Entwicklung setzt sich durch die Industrialisierung fort: 1840 sind es schon doppelt so viele Einwohner, 1860 dreimal so viele. 1900 sind die 6,5 Millionen überschritten – eine Zunahme um mehr als 5,5 Millionen Men-

Die Millennium Bridge verbindet den Stadtteil Southwark auf der Südseite der Themse mit der City of London. Sie ist auf die St Paul's Cathedral ausgerichtet.

schen innerhalb eines Jahrhunderts! London ist von 1825 bis 1925 die bevölkerungsreichste Stadt der Welt, bis sie von New York überholt wird. Mit einem so raschen Bevölkerungszuwachs kommt keine Stadtplanung mit.

The Big Stink

Drei Cholera-Epidemien töten seit den 1840er-Jahren in London rund 30 000 Menschen, davon 1853/54 allein über 10 000. Ausgelöst wird die Seuche durch verschmutztes Wasser, denn die Themse ist zu dieser Zeit nicht viel mehr als ein offener, stinkender Abwasserkanal. Im ungewöhnlich heißen Sommer 1858 ist der Gestank – „The Big Stink" – derart unerträglich, dass das Parlament den Bau eines Kanalisationssystems beschließt.

1851 ist London laut einer Volkszählung mit 2 651 939 Einwohnern die größte Stadt Europas. Der Bau zahlreicher Eisenbahnen ermöglicht eine rasche Ausdehnung des Stadtgebiets. Als Zentrale des Britischen Weltreichs ist London die Hauptstadt der größten Kolonialmacht der Geschichte. Von hier aus wird um 1920 etwa ein Viertel der von Land bedeckten Erdoberfläche beherrscht, und etwa eine halbe Milliarde Untertanen – rund 25 Prozent der damaligen Weltbevölkerung. 1939, am Vorabend des Zweiten Weltkriegs, hat die Stadt den historischen Höchststand von 8,6 Millionen Einwohnern erreicht. Während des Krieges, vor allem 1940/41, erleidet London insbesondere in den östlichen Industriegebieten durch Angriffe der deutschen Luftwaffe, genannt „The Blitz", schwere Zerstörungen; mindestens 30 000 Londoner sterben dabei.

1965 wird die Verwaltungsregion „Greater London" geschaffen, die neben der historischen – nicht geografischen – Mitte der City of London 32 Bezirke umfasst, sogenannte „Boroughs". Die letzte Einwohnerzählung aus dem Jahr 2007 nennt die Zahl 7 556 900. Problematisch bis in die Gegenwart ist die Frage, wie solche Menschenmassen transportiert werden können. Zusätzlich zu den Einwohnern pendeln täglich zwei Millionen Menschen aus dem Umland in die Stadt. Zwar verfügt London über ein dicht ausgebautes Netz an Nahverkehrszügen, Untergrundbahnen und Bussen, dennoch herrscht auf den Straßen oft Chaos oder Stau. Eine

Maßnahme, den Individualverkehr zu drosseln, war die Einführung der Maut im Jahr 2003: Wer mit dem eigenen Auto ins Zentrum fährt, muss dafür pro Tag circa zehn Euro zahlen. Das veranlasst manchen, auf öffentliche Verkehrsmittel umzusteigen.

Rote Busse, schwarze Taxis

Ein Londoner Wahrzeichen, den roten Doppeldeckerbus „Routemaster", musterte man 2005 aus; er sei zu gefährlich, unökologisch und nicht behindertengerecht. Nur auf zwei Linien sind einige Exemplare als nostalgische Touristen-Transporter erhalten geblieben. Typisch für London sind auch die schwarzen Taxis. Ein Labyrinth aus 25 000 Straßen stellt Taxifahrer in London auf eine harte Probe. Die Journalistin Ute Dickerscheid weiß zu berichten: „Drei Jahre brauchen die Fahrer im Durchschnitt, bis sie das Straßennetz der britischen Hauptstadt im Kopf haben. Der Aufwand scheint sich zu lohnen. Londons Taxifahrer gelten als kompetent, nicht nur bei den Einheimischen, sondern vor allem bei den Touristen, erklärt ein Sprecher der Tourismusbehörde." Im Vergleich zu anderen Weltstädten würden Londons Taxifahrer am besten abschneiden. Geschäftsleute wüssten, dass man in New York den Fahrern die Route selbst vorgeben müsse, sonst komme man nur auf Umwegen oder sogar gar nicht ans Ziel. In London hingegen könne man sich entspannt ins Taxi setzen und Zeitung lesen. Ganz gleich, welches Fortbewegungsmittel man bevorzugt: London muss in seine Infrastruktur investieren. Die Partnerstadt von Berlin, Algier, Moskau, New York, Paris, Tokio, Peking, Karatschi und Zagreb empfängt im Jahr 2012 die Sportler der Welt zu den Olympischen Sommerspielen. Dann drängen noch mehr Menschen über Straßen und Plätze, durch Gassen und Tunnel. Der Verkehr muss fließen – und wenn er es tut, dann ist er hektisch. Deswegen sei dem London-Besucher geraten, die Stadt möglichst per pedes zu erkunden.

London ist eines der wichtigsten Wirtschaftszentren der Welt. Seine ökonomische Stärke beruht unter anderem darauf, dass rund 100 der 500 größten Unternehmen Europas hier ihren Hauptsitz haben. Durch Banken, Finanzdienstleistungen und Versicherungen werden Milliarden umgesetzt. Von London aus gehen Nachrichten und Informationen von der BBC und der Agentur Reuters rund um den Globus; alle wichtigen Zeitungen der Insel werden in London verlegt. Neben dem Druck- und Verlagswesen sind produzierende Gewerbe von eher nachrangiger Bedeutung, etwa in den Bereichen High-Tech, Pharmazie oder Textilien. Einen wesentlichen Beitrag zum wirtschaft-

„Take a trip on a London landmark – Unternimm eine Fahrt mit einem Londoner Wahrzeichen!" Auf den Linien 9 und 15 in der Innenstadt verkehren noch regelmäßig die klassischen Doppeldeckerbusse, „Heritage Routemaster", als motorisiertes Kulturerbe.

lichen Wohlergehen Londons leisten die Touristen. Fast 30 Millionen kommen Jahr für Jahr, und dank billiger Flüge oder der Bahnverbindung unter dem Ärmelkanal werden es immer mehr. Das treibt die Preise in die Höhe. „London ist furchtbar teuer", befand schon vor 50 Jahren der US-amerikanische Schriftsteller William Faulkner.

Mancher Besucher kommt eigens zum Shopping: Wer Geld loswerden möchte, hat dazu in der britischen Hauptstadt reichlich Möglichkeiten. „Shop till you drop", heißt es, „Kaufe bis zum Umfallen". In London gibt es alles, was die Welt zu bieten hat, ob Mode oder Klassisches für Damen und Herren, Schmuck oder Kosmetik, Antiquitäten oder Designermöbel, Schreibwaren oder Porzellan... Neben der Oxford Street locken die Bond, South Molton und Regent Street, die King's Road, Kensington High Street und andere Viertel mit ungezählten Läden, Boutiquen und Kaufhäusern. Einige davon haben Weltruhm erlangt, wie das 1834 von Charles Henry Harrod gegründete Kaufhaus Harrods. Auch wer in diesem Konsumtempel nichts kaufen will, sollte ihn besichtigen. In den 230 Abteilungen – die Lebensmittelhalle ist im Jugendstil ausgestattet – bedienen 4000 Angestellte finanzkräftige Kunden. 1985 erwarb der Ägypter Mohamed Al-Fayed die britische Attraktion Harrods. Sein Sohn Dodi war der Partner von Prinzessin Diana; beide kamen 1997 bei einem Autounfall in Paris ums Leben. Da der Vater daraufhin das Königshaus eines Mordkomplotts bezichtigte, entzogen die Royals seinem Haus die offizielle Bezeichnung „Königlicher Hoflieferant". Im Mai 2010 verkaufte Al-Fayed das Kaufhaus an den Investor Qatar Holding aus dem Emirat Katar.

Auktionshäuser und Flohmärkte

In London sind auch jene Institutionen ansässig, die Einkaufsvergnügen der besonderen Art verheißen: die beiden traditionsreichsten Auktionshäuser der Welt, Sotheby's und Christie's, 1744 beziehungsweise 1766 gegründet. Versteigerte man ursprünglich Bücher, Grafiken oder Münzen, so kommen heute beispielsweise Werke und persönlicher Besitz von Rembrandt,

Brunnenskulptur am Trafalgar Square vor der National Gallery. Der Platz war für seine Taubenplage bekannt, doch inzwischen ist das Füttern der „flying rats" bei hohen Geldstrafen verboten, und der Kunstgenuss oder das Sonnenbad sind ungetrübt.

Vincent van Gogh, Pablo Picasso oder Napoleon Bonaparte unter den Hammer. Bei Christie's wurde im Jahr 2006 die Rekordsumme von 135 Millionen Dollar für das Gemälde „Die Goldene Adele" von Gustav Klimt erzielt. Preiswerteres findet sich auf zahlreichen Flohmärkten. Ob auf dem Portobello Road Market in Notting Hill oder dem Brick Lane Market in Shoreditch; ob Camden Lock, Spitalfields, Greenwich oder Petticoat Lane Market: welch ein Vergnügen, in Kitsch und Trödel zu stöbern! Unter Nippes und auf alt getrimmtem Ramsch finden sich echte Schnäppchen. Der ehemalige Großmarkt Covent Garden ist heute eine hübsch restaurierte Markthalle im viktorianischen Stil, die Läden, Galerien und Cafés beherbergt.

Der Eintritt in sämtliche staatliche Museen und Galerien ist kostenlos. Zu den bedeutendsten Museen der Welt zählt das British Museum in Bloomsbury mit über sechs Millionen Exponaten, die einen Zeitraum von zwei Millionen Jahren umfassen. Im kreisrunden Lesesaal seiner Bibliothek saßen schon Karl Marx und Mahatma Gandhi. Das Victoria and Albert Museum beherbergt die größte Kunstgewerbesammlung der Welt. Die Gemäldesammlung der National Gallery am Trafalgar Square enthält rund 2300 Werke vom 13. bis zum 19. Jahrhundert. Themenschwerpunkte der Tate Gallery sind englische Malerei vom 16. bis zum späten 19. Jahrhundert und internationale Malerei der Moderne seit 1880. Das Imperial War Museum beschäftigt sich ausführlich mit beiden Weltkriegen und dem Dritten Reich. Das Museum of London zeigt die Entwicklung Londons von seinen Anfängen bis heute. Zahllose andere Museen und Ausstellungen widmen sich Naturgeschichte, Wissenschaft oder Verkehr, oder Persönlichkeiten wie Sigmund Freud, Florence Nightingale oder Charles Dickens. Eine der bekanntesten Attraktionen der Stadt ist Madame Tussauds Wachsfigurenkabinett.

Über hundert Theater ziehen täglich rund 30 000 Menschen in ihren Bann, vom Königlichen Opernhaus bis zur Musicalbühne; die meisten Spielstätten werden nicht staatlich subventioniert, sondern arbeiten wirtschaftlich. In London sind auch fünf große Symphonieorchester beheimatet. Der Höhepunkt der Konzertsaison ist alljährlich die von der BBC weltweit übertragene „Last Night of the Proms" aus der Royal Albert Hall.

Kulinarische Sterne

Seit der „kulinarischen Revolution" der 1980er-Jahre, welche die englische Speisekarte international erweiterte, bieten die 8000 Restaurants der Stadt fast alles, was man auf Erden essen kann, von australisch bis Zulu. Geht man in Deutschland „zum Italiener" oder „zum Türken", so geht der Brite „zum Inder". Indische Einwanderer betreiben viele Gasthäuser, in denen man ihre an europäischen Geschmack angepasste Küche kosten kann. Auch Gourmets werden nicht enttäuscht; mittlerweile hat London mehr Michelin-Sterne zu bieten als Paris. Für ihre Bewohner mag die Stadt an der Themse einfach die Heimat sein, in der man aufwächst, lernt, wohnt und arbeitet – für die meisten Besucher ist London eine aufregende Metropole, die Trends setzt in den Bereichen Kunst, Musik, Architektur, Mode, Medien und Lebensart. So auch für Alfred Biolek, der rückschauend sagt: „London war wie ein Dosenöffner für mich. Von der Bürgerlichkeit ins wahre Leben. London war mein Befreiungsschlag, der mich bis heute über alle Maßen prägt."

Seite 22/23:
Die ab 1830 errichteten Markthallen von Covent Garden dienten bis 1974 dem Gemüse-, Obst- und Blumenverkauf. 1980 wurden sie als stilvolle Touristenattraktion mit Restaurants und Läden neu eröffnet.

Seite 24/25:
Die untere Fahrbahn der Tower Bridge ist hydraulisch aufklappbar, um größere Schiffe passieren zu lassen. Schon 1894 dauerte dies nur eine Minute lang. Auf der oberen, Fußgängern vorbehaltenen Ebene gibt es ein Museum zur Geschichte der Brücke.

& CO.
REGENT gifts
REGENT gifts
octopus
EST. 1787
PUNCH & JUDY
OCTOPUS
HOT DRINKS

HOBBS
HOBBS
OPUS
NAUTICALI
EXIT
Spirits
&
MALT
Whiskies
available!

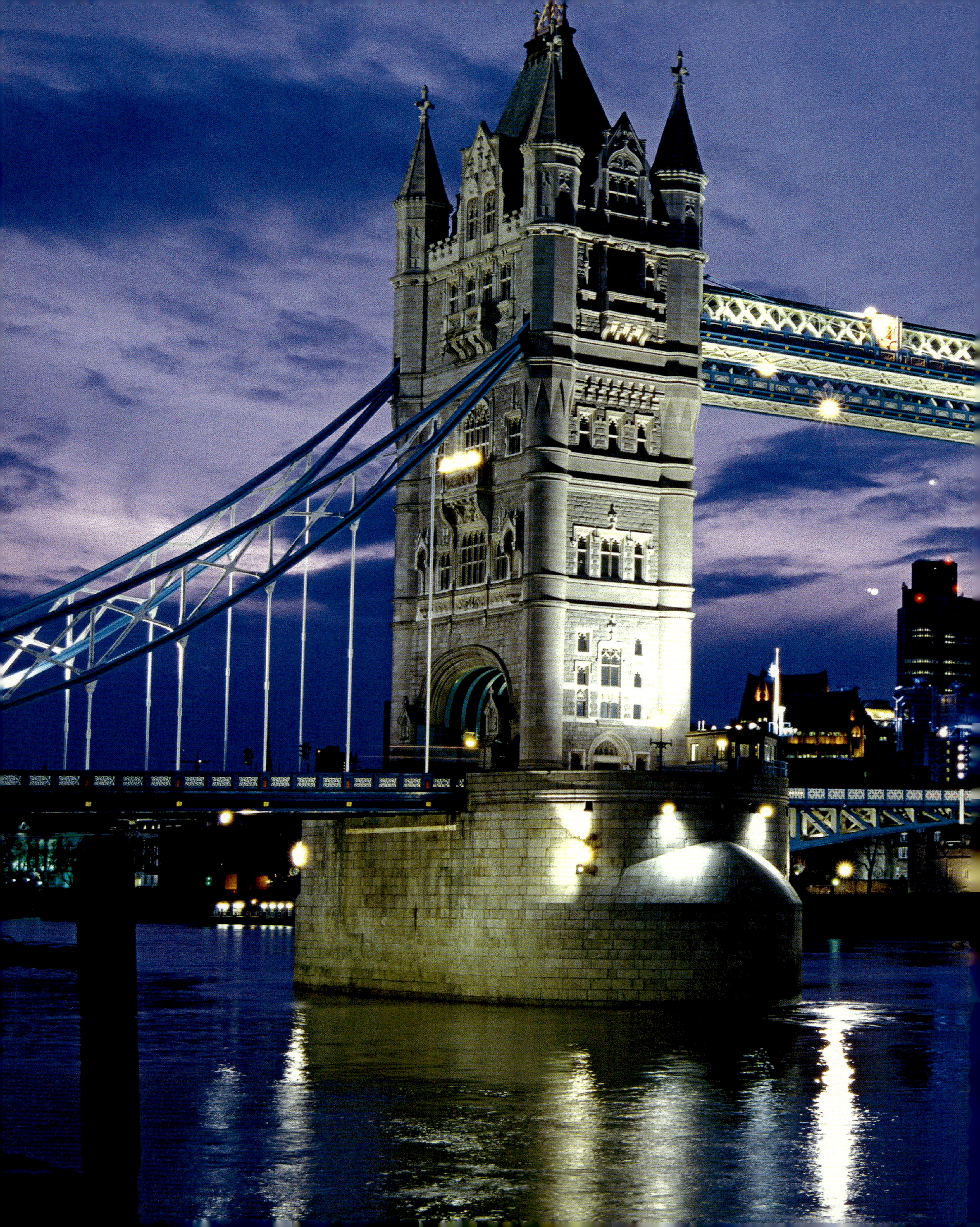

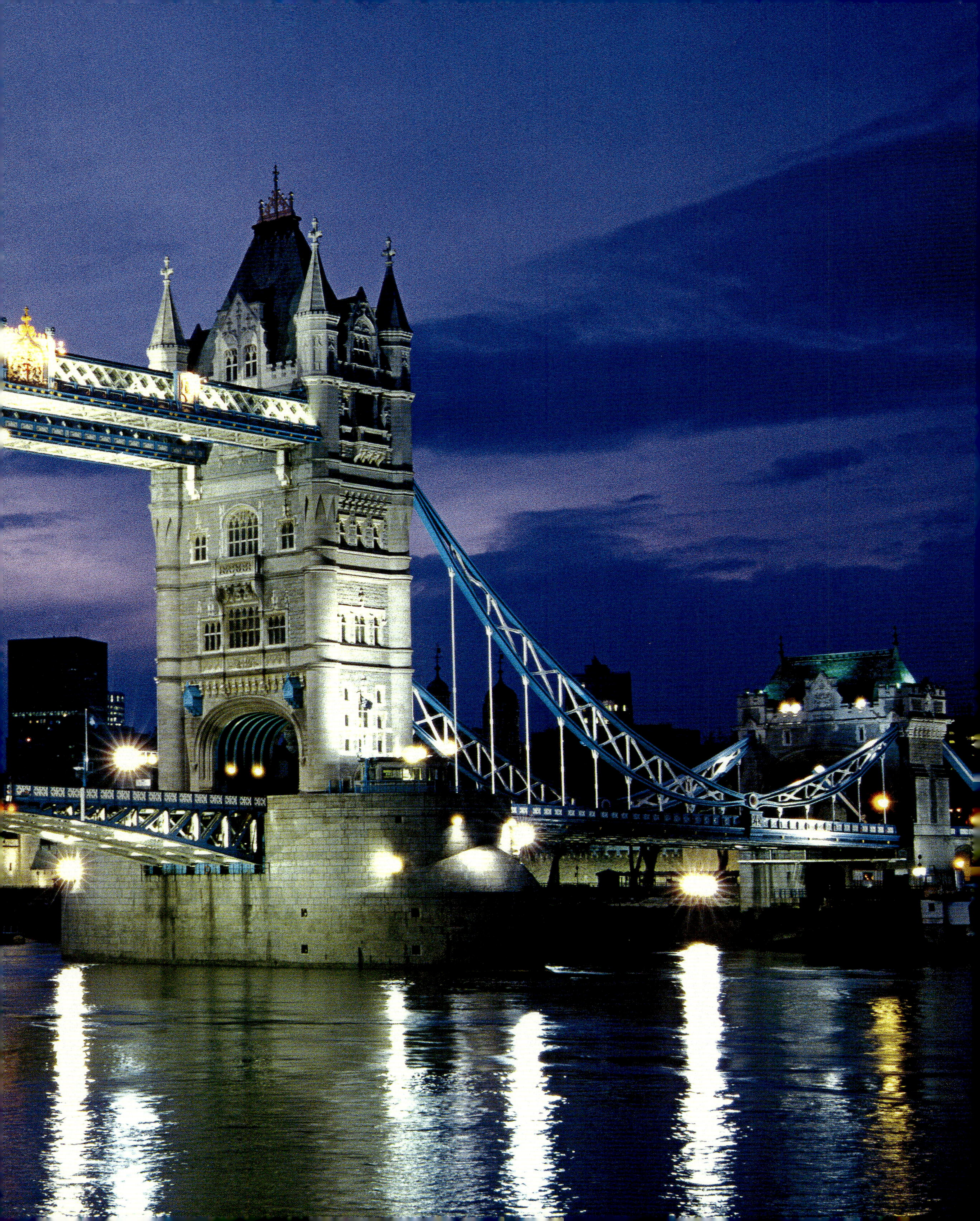

Im Herzen Londons

Blick über die Themse auf die Houses of Parliament. Links der Victoria Tower, dicht daneben der Belüftungsturm über der zentralen Lobby (Central Lobby Spire), in der Bildmitte der Uhrturm. Halbrechts im Hintergrund die Türme der Westminster Abbey.

Wem nur einige Tage für die Erkundung der Stadt zur Verfügung stehen, der beginne mit dem Ensemble von Themse, Parlament und Westminster Abbey. Der fast 100 Meter hohe Uhrturm der „Houses of Parliament" wurde zum Wahrzeichen der britischen Metropole. Insgesamt erstreckt sich der Gebäudekomplex, der an seiner Südwestecke vom 98,45 Meter hohen Victoria Tower überragt wird, über eine Fläche von rund drei Hektar.

Nur ein paar Schritte entfernt liegt die Krönungs- und Grabeskirche der britischen Monarchen, Westminster Abbey. Sie ist ab 1045 in rund 700 Jahren entstanden und gilt als einer der bedeutendsten gotischen Bauten im Land. Auch Persönlichkeiten aus Kultur und Geschichte wurden hier beigesetzt. Westminster Cathedral ist der Dom des römisch-katholischen Bischofs von England und Wales. Der Backsteinbau im byzantinischen Stil wurde 1895 begonnen und 1903 vollendet.

Institutionen staatlicher Macht liegen an der zusammengewachsenen Prachtstraße Whitehall/Parliament Street. Die Seitenstraße Downing Street ist vor allem wegen des Hauses Nummer 10 bekannt, dem Sitz des britischen Premierministers. Seit 1986 ist sie an beiden Enden mit Sicherheitstoren abgesperrt.

Whitehall mündet in den Trafalgar Square, jenen berühmten Platz im Herzen Londons, der nach der gewonnenen Seeschlacht gegen die französisch-spanische Flotte im Jahr 1805 benannt wurde. Zu Beginn des 3. Jahrtausends erklärte ihn die Stadtverwaltung zur Fußgängerzone. Am Platz befinden sich die sehenswerte Nationalgalerie und die Kirche St Martin-in-the-Fields. In der Nähe liegt ein anderer Platz, den die Londoner gar für den „Nabel der Welt" halten – Piccadilly Circus, eine laute und bunte Attraktion, die bei keiner Besichtigungstour fehlen darf.

27

Rechte Seite:
Im Uhrturm des Parlaments hängen fünf Glocken, deren Klangspiel weltweit imitiert wird. Die schwerste (13,8 Tonnen) trägt den Namen „Big Ben". – Die Spitze des 96,3 Meter hohen Turms besteht aus Gusseisen.

Der neugotische Victoria Tower an der Südwestecke des Palace of Westminster war zur Zeit seiner Entstehung 1855 mit 98,45 Metern der höchste rechteckige Turm der Welt. In ihm befindet sich das Parlamentsarchiv.

Das Reiterstandbild Richards I., genannt „Löwenherz", vor der Westminster Hall. 1189 zum König gekrönt, war er der mächtigste Herrscher Europas nach Kaiser Friedrich Barbarossa.

Seite 30/31:
Abendstimmung an der Themse bei den Houses of Parliament. Diese, auch Palace of Westminster genannt, beherbergen das aus dem House of Commons und dem House of Lords bestehende englische Parlament.

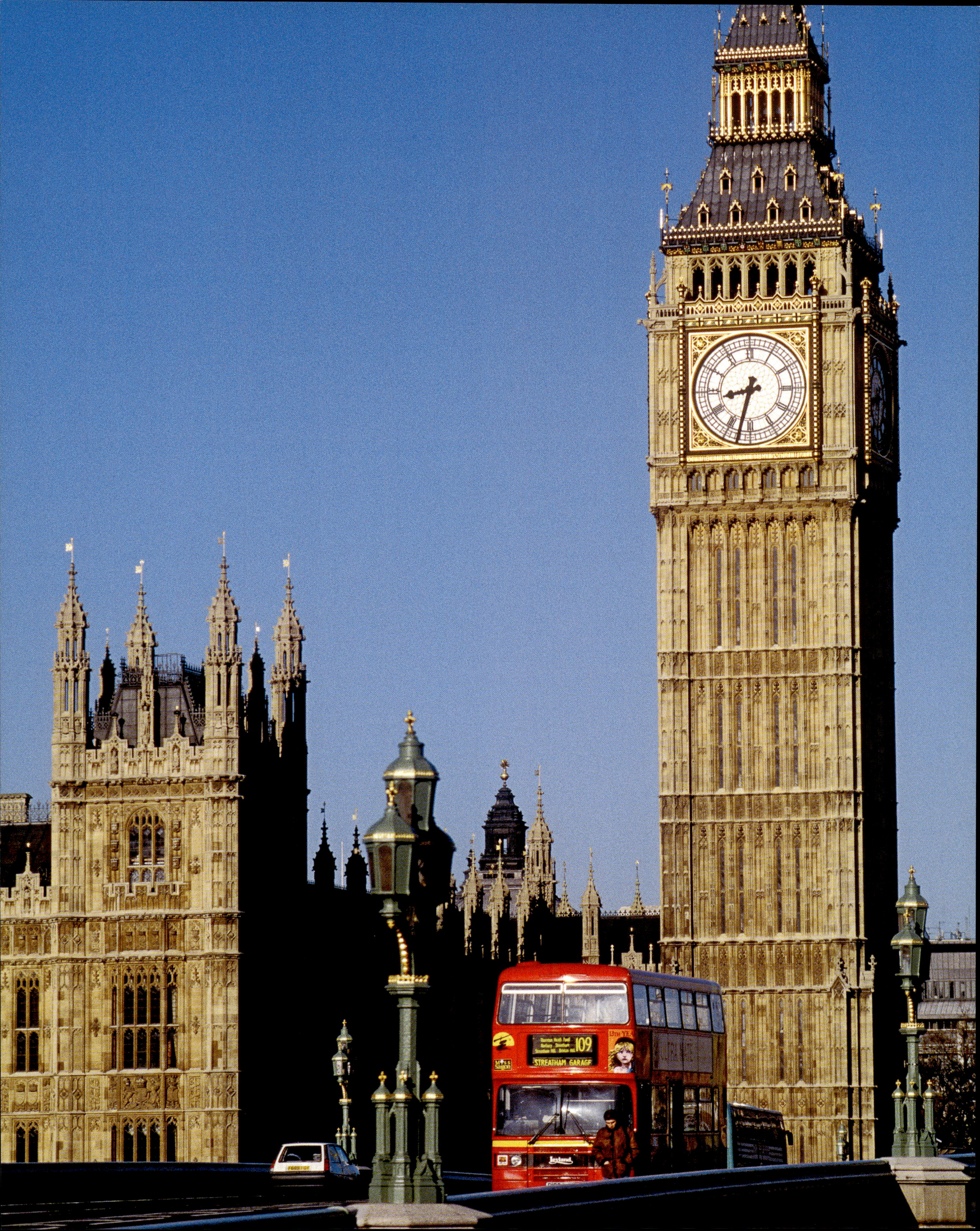
109
STREATHAM GARAGE

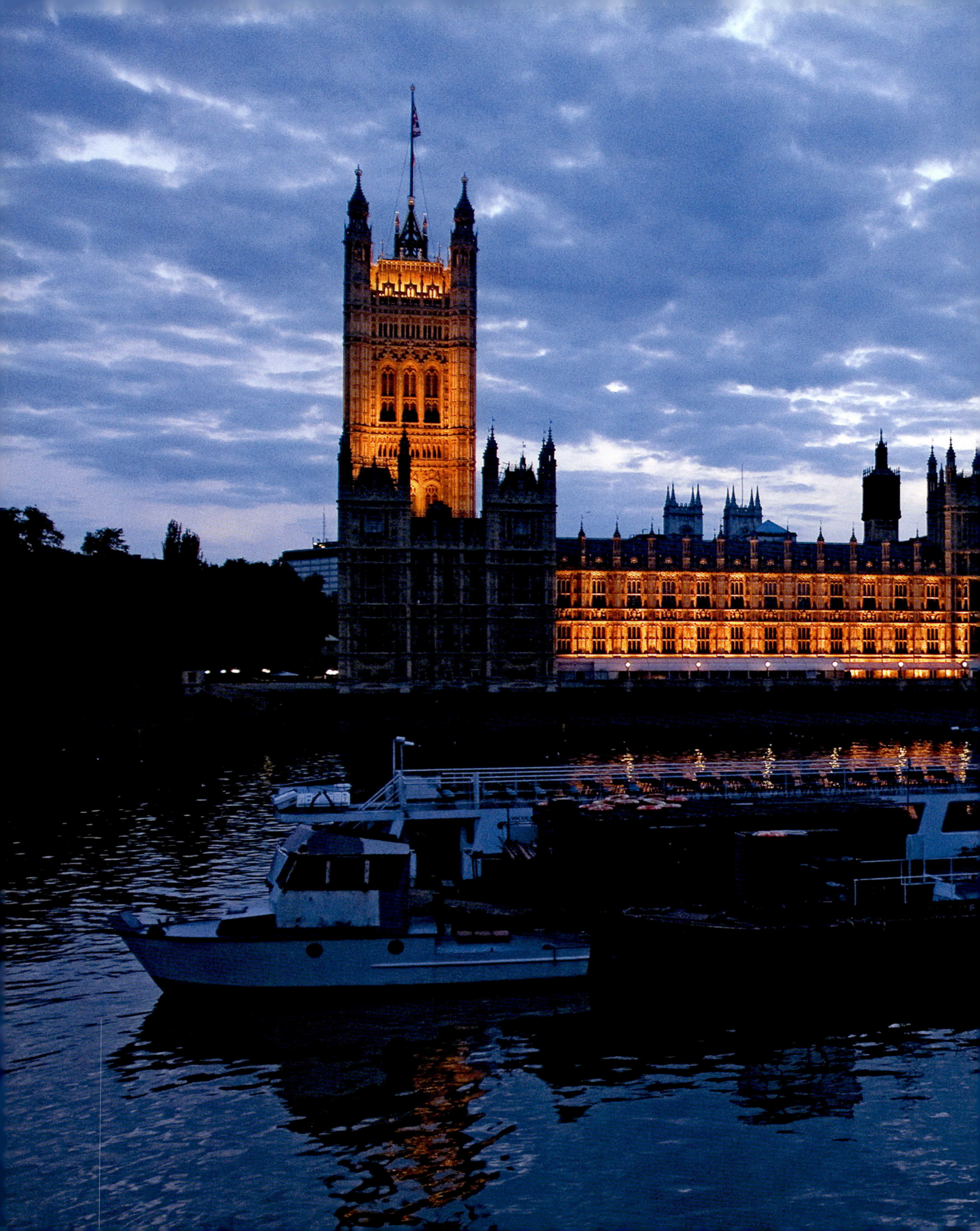

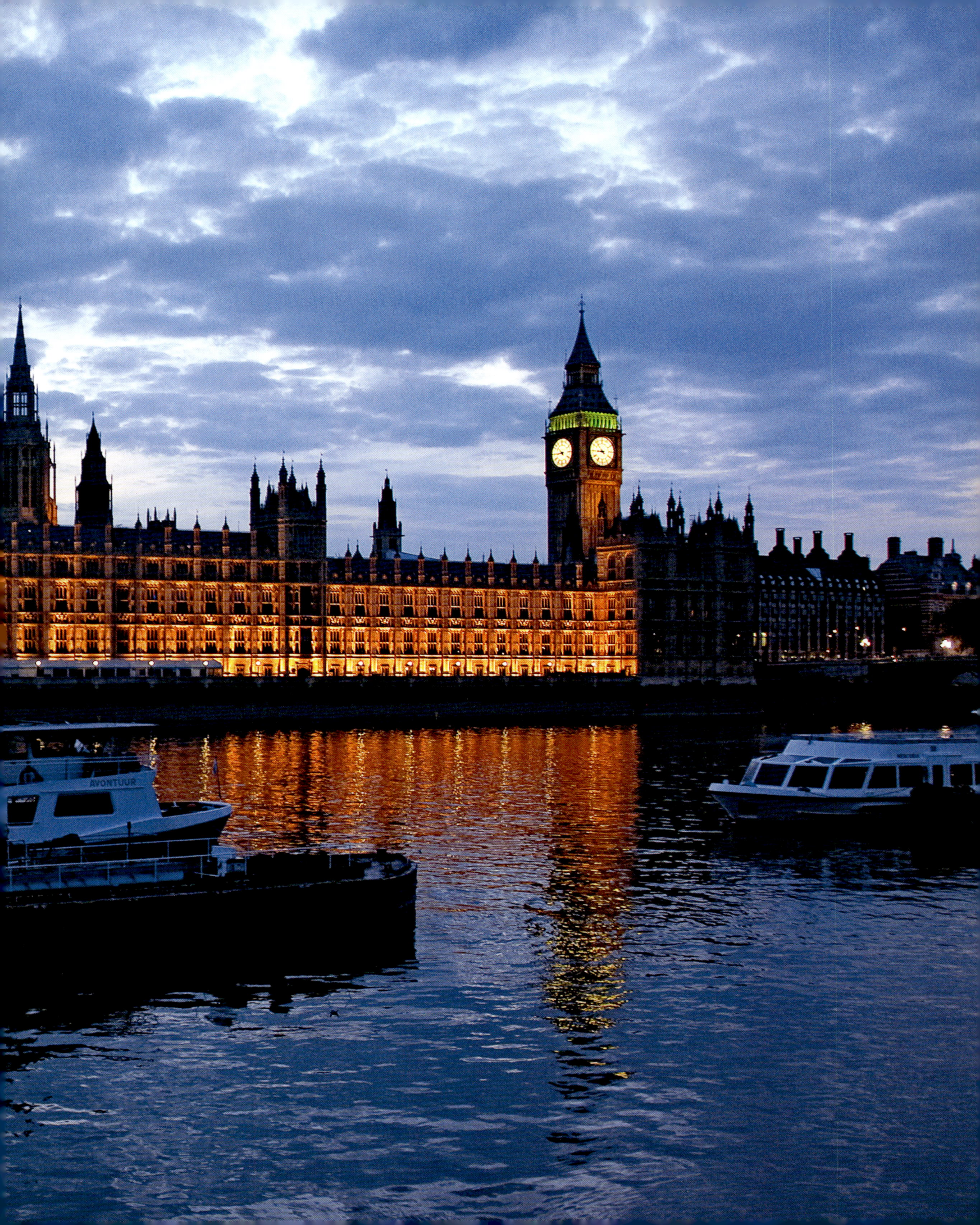
AVONTUUR

Rechts:
Nordportal der Westminster Abbey. Sie ist die Krönungskirche der englischen Könige seit Wilhelm dem Eroberer. Links am Bildrand erhebt sich die St Margaret's Church, die Pfarreikirche des britischen Parlaments.

Rechts und ganz rechts:
Steinmetz- und Schmiedekunst am Nordportal der Westminster Abbey (rechte und mittlere Pforte). In der Kirche befinden sich die Gräber berühmter Persönlichkeiten wie Isaac Newton, Henry Purcell, Georg Friedrich Händel, Charles Darwin und Ralph Vaughan Williams.

Rechte Seite:
Westfassade der Westminster Abbey: Über dem Portal sind Statuen von zehn Märtyrern des 20. Jahrhunderts angebracht, wie Dietrich Bonhoeffer und Martin Luther King. Die von vier Löwen flankierte Säule davor trägt eine Statue des Heiligen Georg.

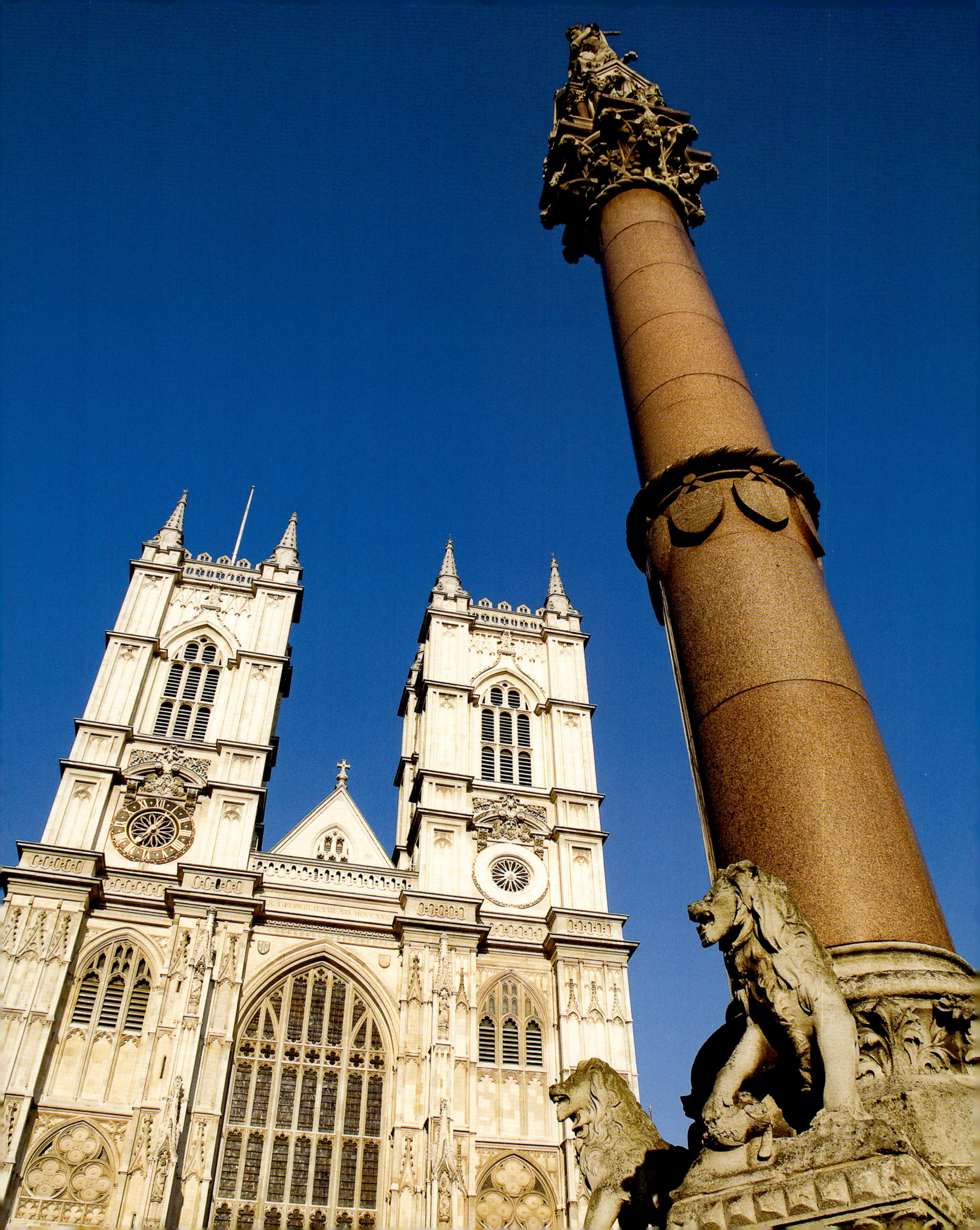

Rechte Seite:
Nicht zu verwechseln mit der Westminster Abbey ist die römisch-katholische Westminster Cathedral. Sie wurde zwischen 1895 und 1903 im neobyzantinischen Stil errichtet.

„My home is my castle" – säuberlich eingezäunt in dieser viktorianischen Wohnstraße in der City of Westminster.

Königliche Büsten zieren dieses Eckgebäude in der City of Westminster. Ihre Majestät Königin Victoria scheint allerdings sagen zu wollen: „We are not amused."

Seite 36/37:
Buckingham Palace, die Residenz des britischen Königshauses in London. Vor dem Palast das 1911 enthüllte, 26 Meter hohe Monument für Queen Victoria. Mit versteinerter Miene beobachtet Ihre Hoheit den Verkehr auf der Prachtstraße „The Mall".

DOMINE·JESU·REX·ET·REDEMPTOR
PER·SANGUINEM·TUUM·SALVA·NOS

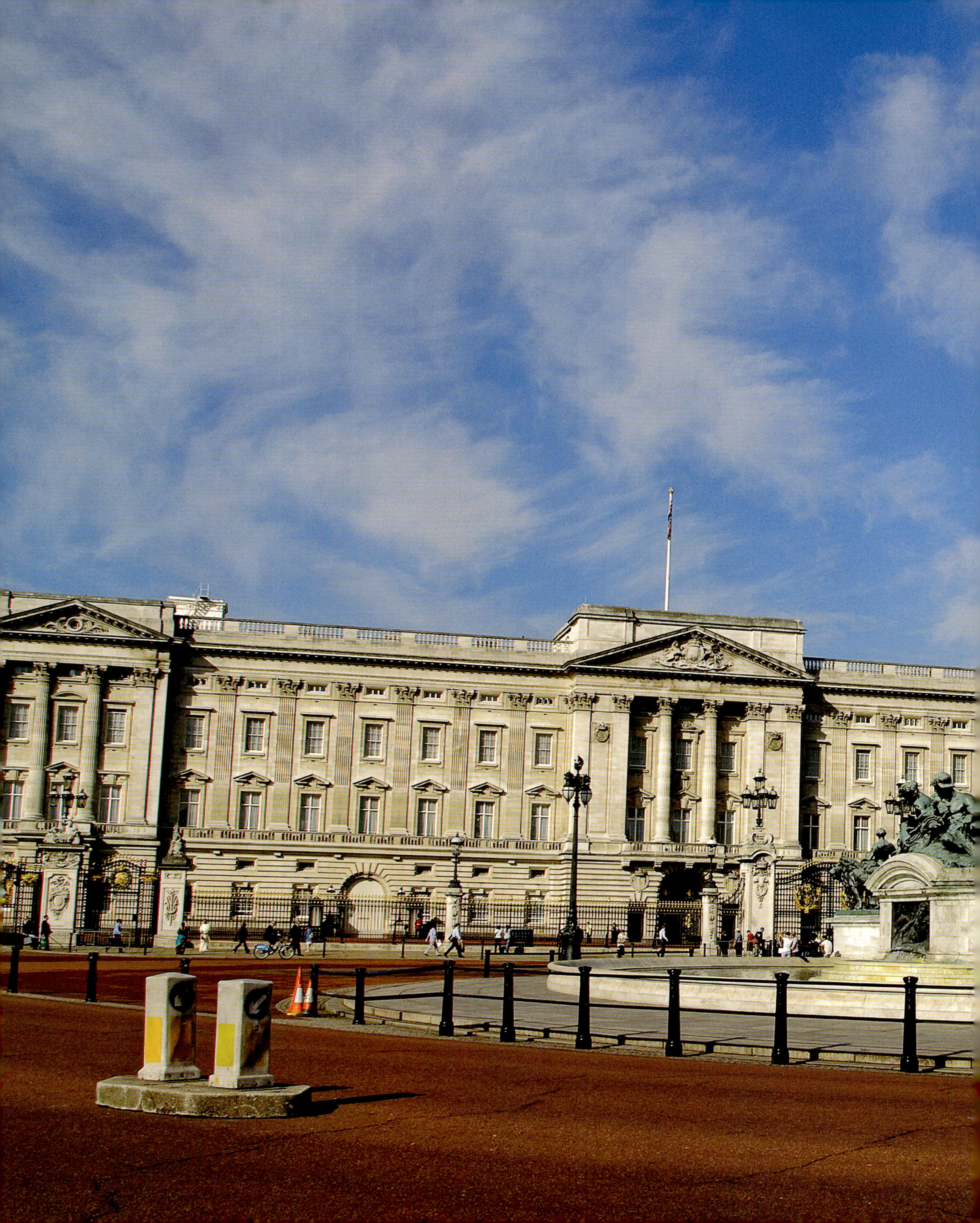

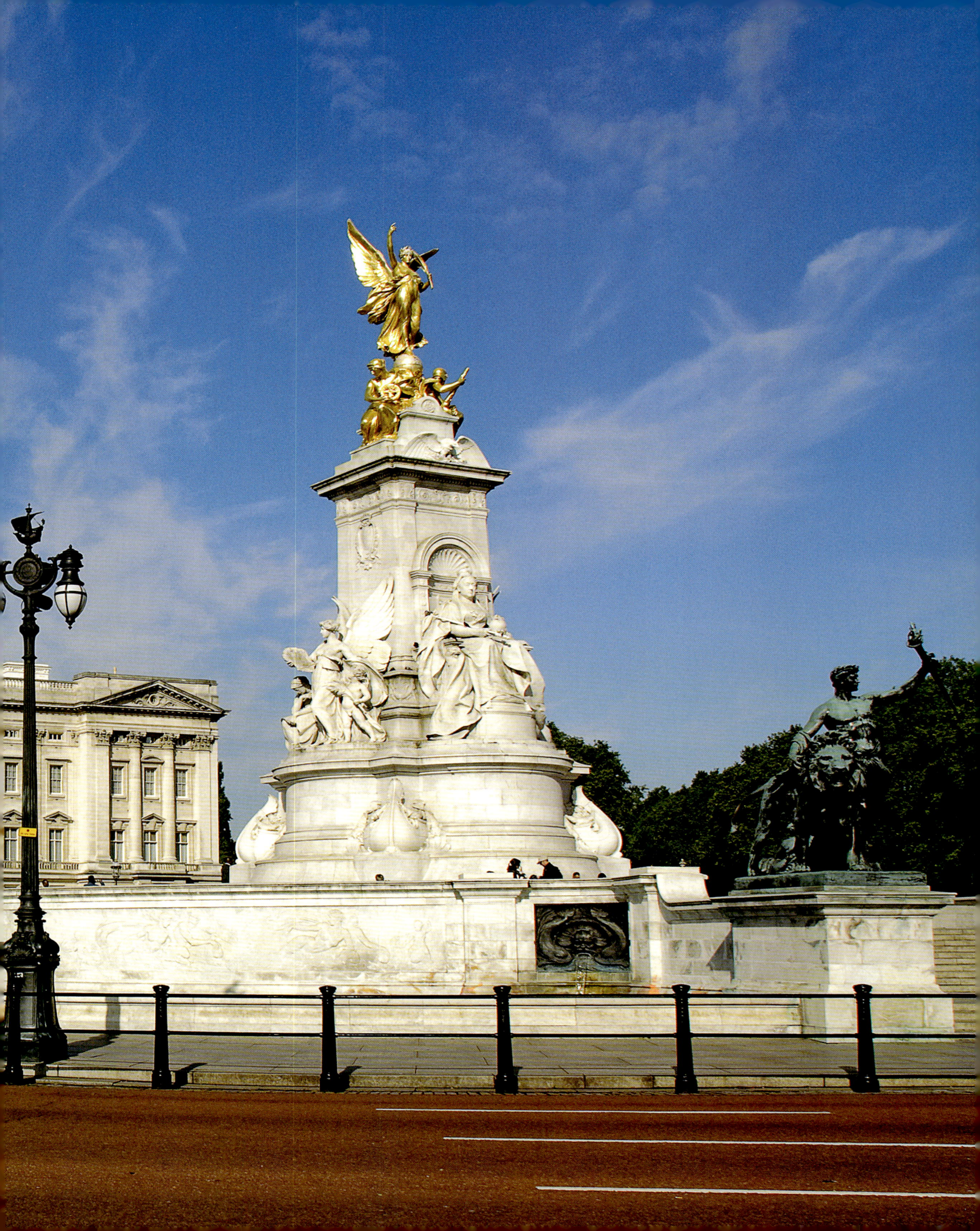

BUCKINGHAM PALACE – RESIDENZ DER MONARCHIE

Täglich um 11.30 Uhr vollzieht sich vor der Residenz der britischen Monarchen das Ritual „Changing of the Guard". Bei dieser Wachablösung tritt die Leibgarde der Königin in den fotogenen roten Uniformjacken mit den Goldknöpfen auf. Auf dem Kopf tragen die Gardisten die berühmten schwarzen Bärenfellmützen, die im Sommer viel zu heiß sind und ganzjährig nur eine eingeschränkte Sicht erlauben. Doch sie sind eben Tradition, und Traditionen hält man auf der Insel hoch. Dicht gedrängt beobachten Touristen aus aller Welt diese einige Minuten dauernde Zeremonie im Vorhof des Buckingham Palace.

Buckingham ist eine Kleinstadt in der Grafschaft Buckinghamshire im mittleren Südengland. Der Herzog von Buckingham, John Sheffield, ließ sich im Jahre 1703 ein großes Stadthaus in London bauen, etwas mehr als einen Kilometer westlich vom Parlament. 1761 erwarb König Georg III. Buckingham House als private Residenz. Während der folgenden 75 Jahre wurden an dem Gebäude zahlreiche Erweiterungen vorgenommen. Zu Anfang des 19. Jahrhunderts entschied sich der verschwenderische König Georg IV. für die Umwandlung des vornehmen Hauses in einen Palast. Der Prunk, den er hineinbrachte, kostete stolze 719 000 Pfund – für damalige Verhältnisse eine immense Summe. Gleichwohl zogen die Kamine nicht richtig und rauchten, und man klagte über den muffigen Geruch im Palast. Doch die Mängel konnten beseitigt werden, und als 1837 die frisch gekrönte Königin Victoria im Buckingham Palace einzog, wurde das Gebäude endgültig zur offiziellen Residenz der britischen Monarchen.

Den Ersten Weltkrieg überstand der Palast unbeschädigt, im Zweiten wurde er siebenmal bombardiert. Die Deutschen nahmen an, eine Zerstörung könne die Moral der Briten schwächen, doch das Gegenteil trat ein: Als 1940 die Palastkapelle getroffen wurde, schweißte dies das Volk und die königliche Familie in Solidarität zusammen.

Heute finden im Buckingham Palace fast täglich Zeremonien, Amtseinführungen und Präsentationen statt. Hier empfängt Großbritannien seine Staatsgäste, schlägt die Queen Persönlichkeiten zu Rittern, empfängt sie als Staatsoberhaupt die Beglaubigungsschreiben der Botschafter. Zu Empfängen, Audienzen und Banketten kommen jährlich rund 50 000 Menschen in den Palast. Bei Festen in den weitläufigen Gartenanlagen werden Tee und Sandwiches gereicht.

Normalsterbliche, die keine persönliche Einladung erhalten, müssen sich mit dem Blick in achtzehn Räume und Säle des Westflügels zufrieden geben. Der ist seit 1993 in den Monaten August und September für Besucher geöffnet. Zu dieser Zeit weilt Ihre Majestät nämlich im schottischen Balmoral Castle, wo sie jedes Jahr eine bestimmte Anzahl von Wochen zu verbringen hat, um sich mit Fug und Recht auch Königin von Schottland nennen zu dürfen. Traditionalisten missbilligen die Öffnung des Buckingham Palace für das gemeine Volk, doch das Königshaus will mit dem nicht gerade zimperlichen Eintrittsgeld seine Haushaltskasse aufbessern, wie viele Adelshäuser im Vereinigten Königreich.

Eigentum des Staates

Der Palast selbst ist Eigentum des Staates; sein Wert wird auf eine Milliarde Pfund geschätzt. Die Immobilie umfasst 775 Räume vom Thronsaal bis zum Wirtschaftsraum. Säle gehören ebenso dazu wie Büros und natürlich die privaten Gemächer der Königsfamilie. In der Gemäldegalerie hängen Bilder von Rembrandt, Vermeer, van Dyck und Rubens; in den Salons haben schon Felix Mendelssohn Bartholdy und Johann Strauß Sohn aufgespielt. Natürlich gibt es auch eine Bibliothek. Doch in seiner köstlichen Erzählung „Die souveräne Leserin", in der die Queen zur Leseratte mutiert und dafür sogar ihre Pflichten schleifen lässt, mutmaßt der englische Schriftsteller Alan Bennett, in dieser Bibliothek sei bestimmt noch nie ein Buch gelesen worden: „Hier wurden Ultimaten gestellt, Grenzen gezogen, Gesangbücher kompiliert und Ehen beschlossen, aber wenn man es sich mit einem Buch gemütlich machen wollte, dann sicher nicht in der Bibliothek."

Für 450 Menschen ist der Buckingham-Palast der Arbeitgeber. Und man sagt, die Queen sei eine gestrenge Chefin. Doch wenn sie den Massen vom Balkon des Ostflügels aus zuwinkt und diese Bilder durchs Fernsehen um den Globus gehen, dann lächelt sie unnachahmlich.

Links:
Königliches Monogramm an einem Gitter am Buckingham Palace: „VR" steht für „Victoria Regina", Queen Victoria.

Oben:
Der St James's Park in der Nähe des Buckingham Palace ist der älteste königliche Park in London. Am lang gestreckten Park Lake nisten Wasservögel.

Kleine Bilder rechts, von oben nach unten: Zum Vorplatz des Buckingham Palace führen drei Tore, die Kanada, Südafrika und Australien gewidmet sind. Im Bild das Australia Gate.

Kenner unterscheiden die Regimenter am Helmbusch: Bei den Welsh Guards hier ist er weiß-grün-weiß.

„Changing of the Guard" – Wachablösung am Buckingham Palace.

Gardist vor dem Buckingham Palace. Manche der klassischen Bärenfellmützen sind schon über hundert Jahre alt.

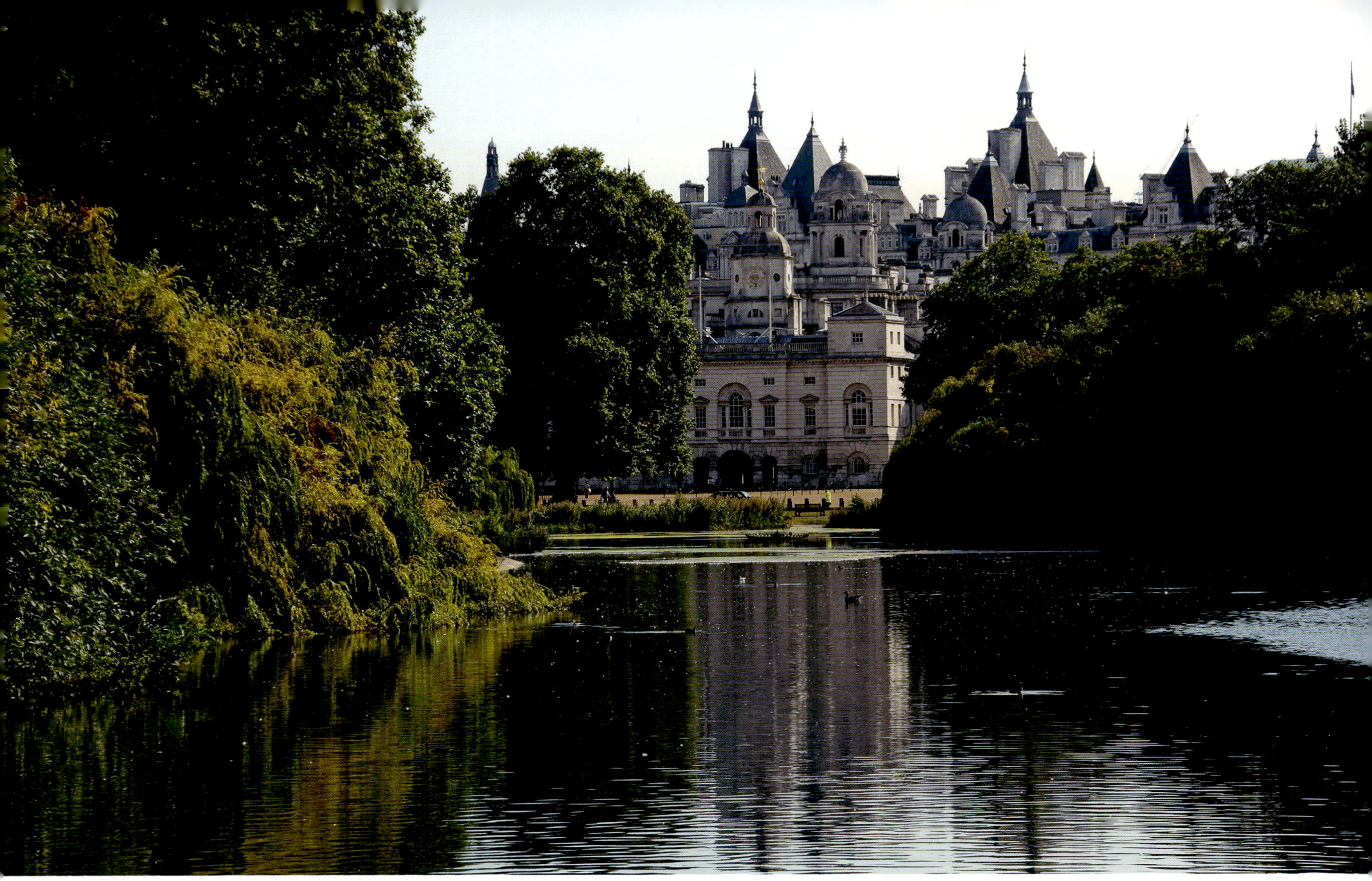

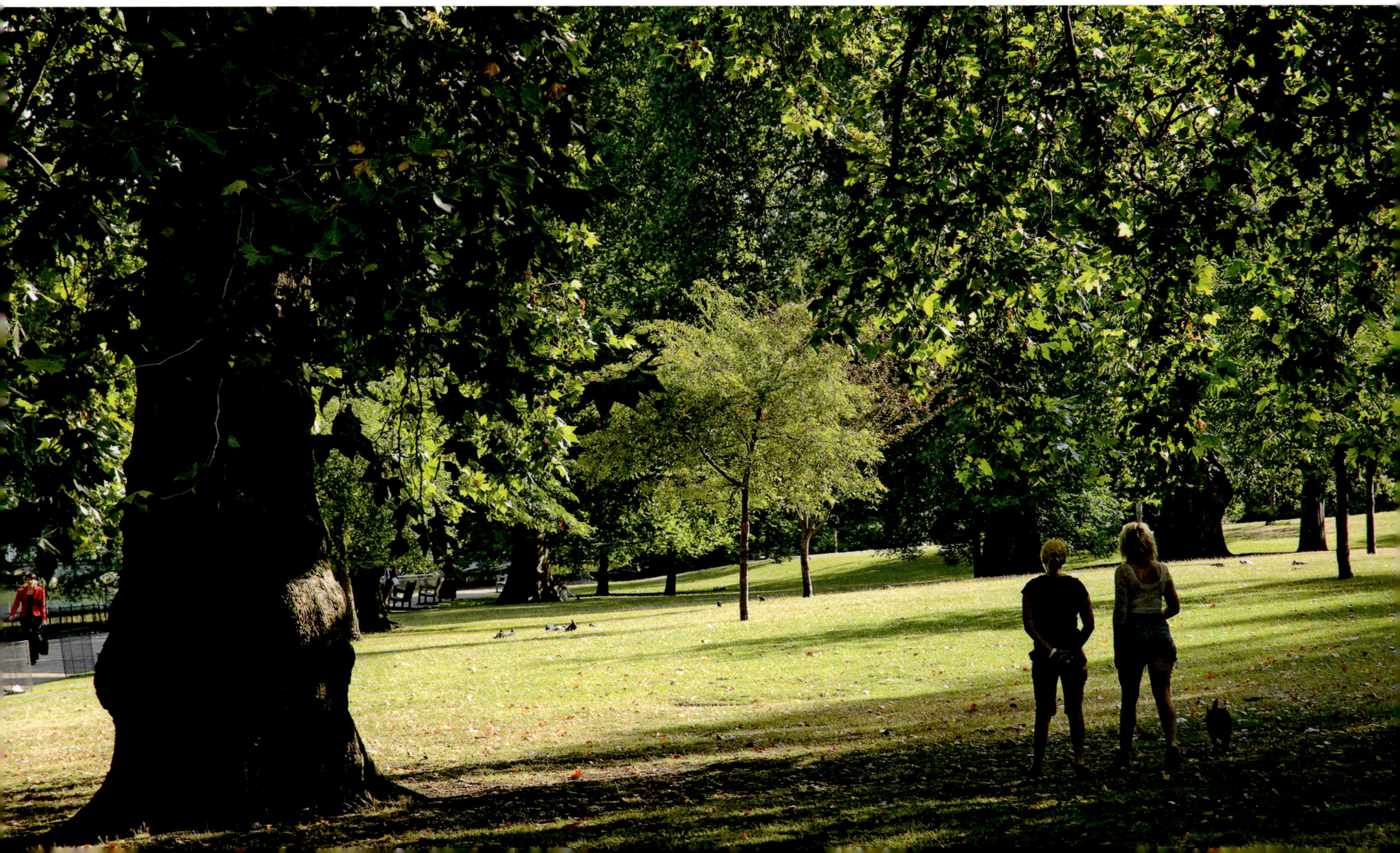

Linke Seite, oben und unten:
Im St James's Park. Blick über den Park Lake Richtung Horse Guards Palace. Schon im 17. Jahrhundert wurde der königliche Park der Öffentlichkeit zugänglich gemacht.

Links:
Am Waterloo Place ehrt dieses Denkmal die Opfer des Krimkriegs (1853–1856), und insbesondere „The Lady with the Lamp" Florence Nightingale (1820–1910), die die Versorgung der Verwundeten organisierte und als Begründerin der modernen Krankenpflege gilt.

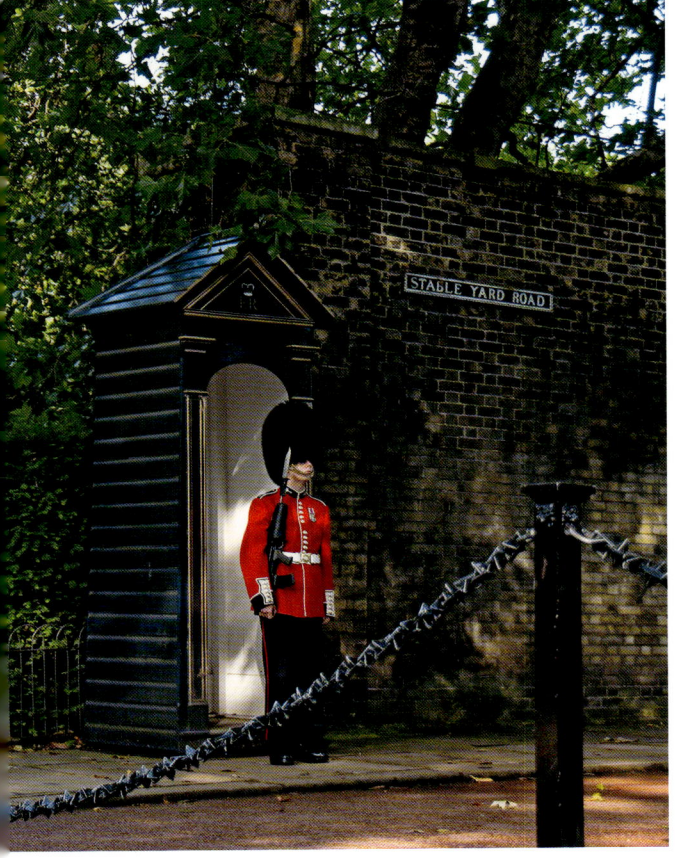

Ganz links:
Gardist an der Stable Yard Road. Hier liegt Clarence House, die offizielle Residenz des britischen Thronfolgers Prince Charles und seiner Frau Camilla.

Links:
Frauenemanzipation auch bei einer höchst traditionsreichen Institution des Vereinigten Königreichs: Dieser Horse Guard ist eine junge Dame!

Seite 42/43:
Der nur für Staatsakte geöffnete Admiralty Arch von 1910 bildet den östlichen Abschluss der Prachtstraße The Mall. Längst haben umweltfreundliche Nachfolgemodelle das klassische Londoner Taxi abgelöst.

41

:ANNO:DECIMO:EDWARDI:SEPTIMI:REGIS:
:VICTORIÆ:REGINÆ:CIVES:GRATISSIMI:MDCCC

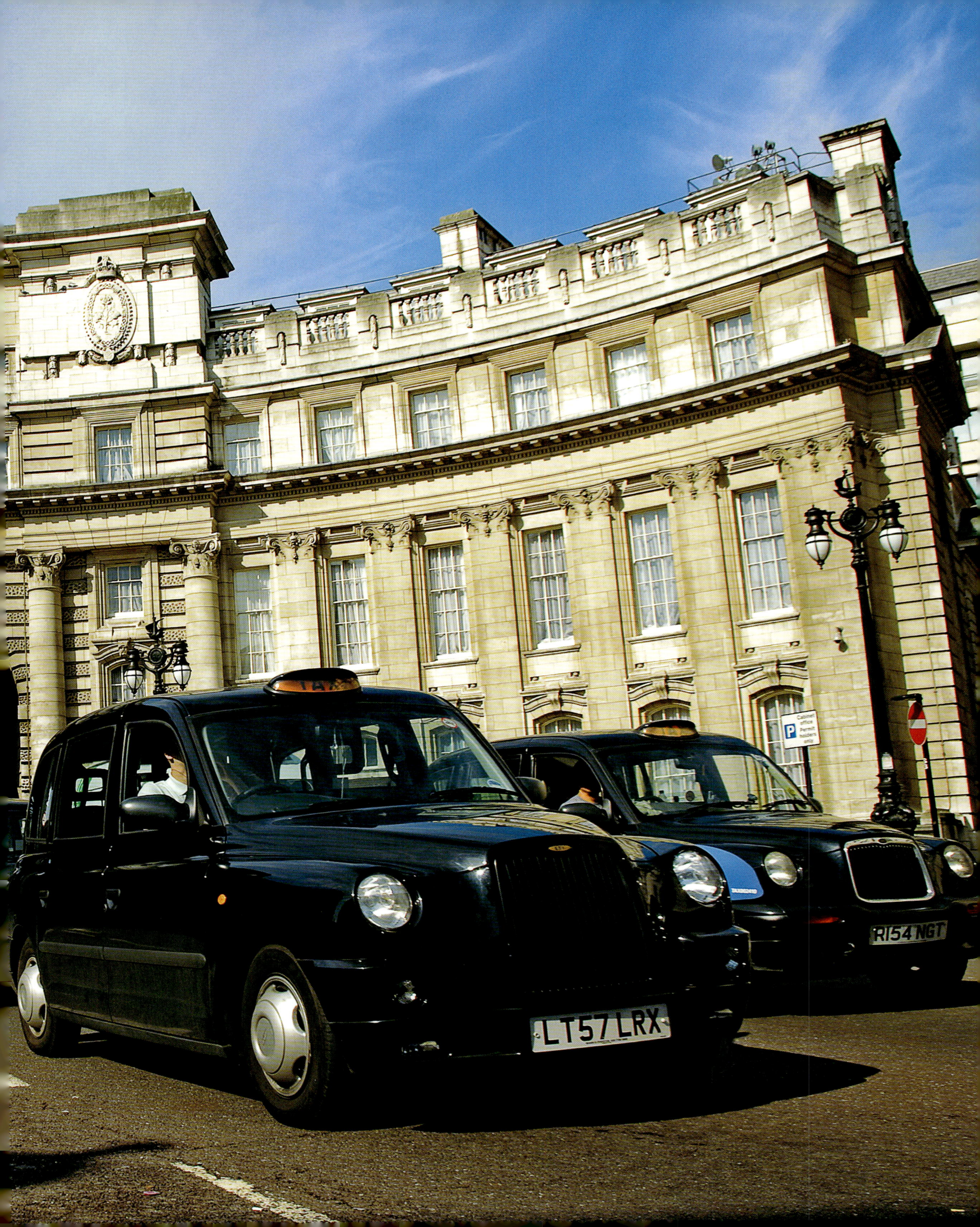
LT57 LRX
R154 NGT

Unten:
Pflastermalerin vor der National Gallery am Trafalgar Square. Im Hintergrund erhebt sich die Kirche St Martin-in-the-Fields.

Rechts:
Der Trafalgar Square in der Maisonne. Die Nelson-Säule in seiner Mitte wurde zwischen 1840 und 1843 zur Erinnerung an Admiral Nelsons Tod in der Schlacht von Trafalgar im Jahr 1805 aufgestellt.

Seite 46/47:
Der Haymarket (Heumarkt) ist eine breite Straße im Londoner West End, wo sich seit dem 17. Jahrhundert die Theater konzentrieren. Das Thectre Royal (rechts im Bild) wurde um 1820 erbaut.

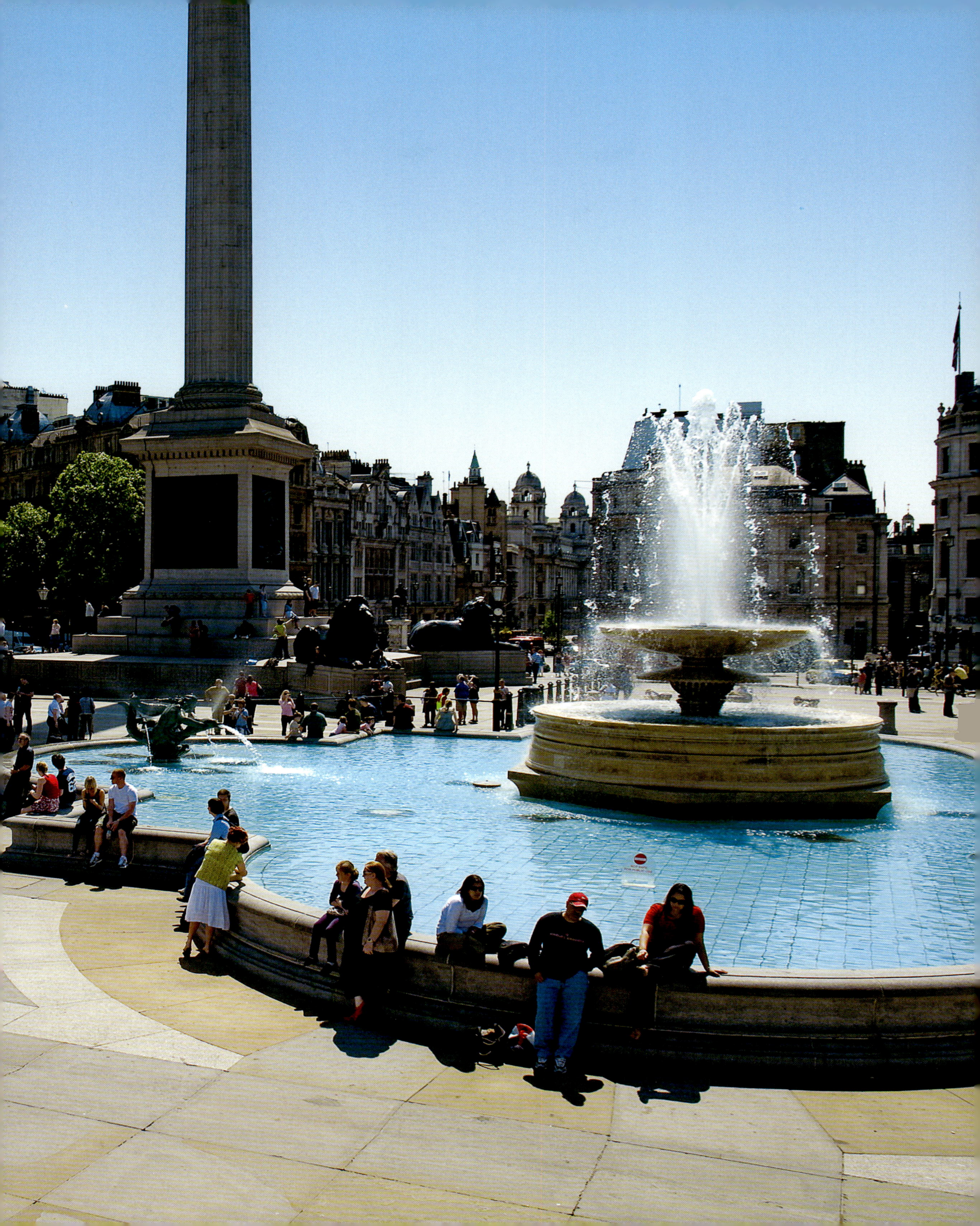

ALLIANCE LIFE OFFICE

TELEPHONE   TELEPHONE   TELEPHONE

THEATRELAND
**HAYMARKET
SW1**
CITY OF WESTMINSTER

TRANSDEV
Piccadilly Circus
Knightsbridge Kensington
9
Aldwych
OPEN TO THE WORLD
SINCE 1909
SELFRIDGES
100
TAXI
LR54 YHV

OPERA
HER MAJESTYS THEATRE
The PHANTOM of the OPERA

BANK OF SCOTLAND

Linke Seite, oben:
Her Majesty's Theatre am Haymarket, eröffnet 1897, ist Spielstätte größerer Musical-Produktionen.

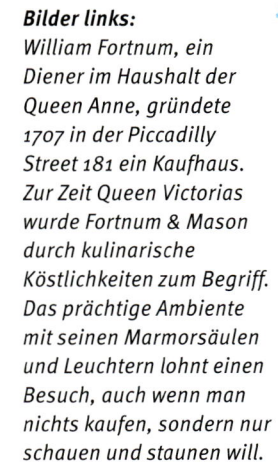

Bilder links:
William Fortnum, ein Diener im Haushalt der Queen Anne, gründete 1707 in der Piccadilly Street 181 ein Kaufhaus. Zur Zeit Queen Victorias wurde Fortnum & Mason durch kulinarische Köstlichkeiten zum Begriff. Das prächtige Ambiente mit seinen Marmorsäulen und Leuchtern lohnt einen Besuch, auch wenn man nichts kaufen, sondern nur schauen und staunen will.

Linke Seite, unten:
In der Cockspur Street, City of Westminster. Inzwischen ist der seit 1958 gebaute Austin FX4, das Londoner Taxi schlechthin, schon eine Rarität und Sehenswürdigkeit.

LONDON
i'm lovin' it
TDK
SANYO
Make the most of now
vodafone
TRANSDEV
Natural Born Cola
RAW
GAP
LandSecurities

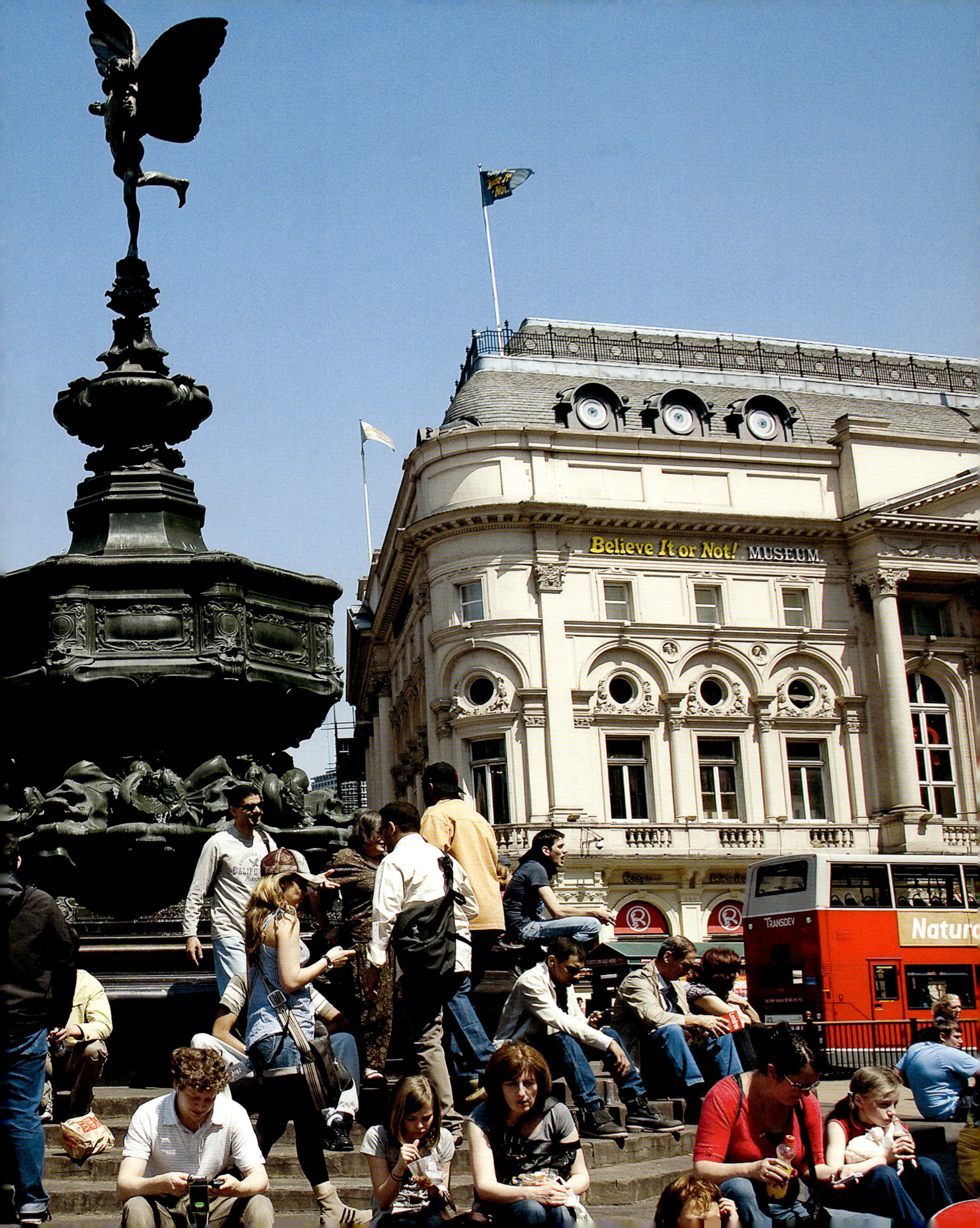
Believe It or Not! MUSEUM
TRANSDEV

THEATRE
THE GREAT ESCAPE
From the creators of NEMO & UP
DISNEY · PIXAR
TOY STORY 3
3D
CINEMA
EMPIRE
THE CASINO EMPIRE
EAT DRINK & PLAY

Seite 50/51:
Piccadilly Circus mit dem 1893 von Sir Alfred Gilbert geschaffenen Shaftesbury-Gedenkbrunnen. Über dem bunten Treiben schwebt leichtfüßig seine Skulptur, die als „Engel der Barmherzigkeit" gilt – besser bekannt als „Eros".

Ein legendärer Filmpalast am Leicester Square ist das Odeon, mit etwa 1700 Sitzplätzen Londons größtes Premierenkino.

Das 1889 eröffnete Garrick Theatre an der Charing Cross Road wurde nach David Garrick benannt, dem berühmten Shakespeare-Darsteller des 18. Jahrhunderts. Der restaurierte Zuschauerraum ist üppig mit Blattgold verziert.

Linke Seite:
Das Empire Theatre am Leicester Square ist Schauplatz zahlreicher Filmpremieren. Am Leicester Square schlägt das Herz des britischen Kinos.

Oben:
Neal's Yard ist ein lauschiger Winkel in der Nähe von Covent Garden. Hier kann man in kleinen Lädchen stöbern, Delikatessen genießen oder einfach nur den Tag verträumen.

Rechts:
An der Wellington Street genießen diese jungen Künstler die wärmenden und inspirierenden Strahlen der Maisonne.

Buntes Treiben um Covent Garden. Der ehemalige Konventsgarten und jahrhundertelang bestehende Obst- und Gemüsemarkt wandelte sich seit 1980 zur Touristenattraktion mit Restaurants und Läden, zum Szenetreff und zur Bühne für Gaukler, Akrobaten und Selbstdarsteller.

Rechts:
Das 1875 eröffnete Kaufhaus Liberty Department Store in der Great Marlborough Street hat sich auf edle Stoffe spezialisiert. Das Gebäude im Tudor-Stil stammt aus dem Jahr 1924.

Ganz rechts:
In der Fußgängerzone der Bond Street sitzen Franklin D. Roosevelt und Sir Winston Churchill auf einer Bank und plaudern. Die Plastik heißt „Allies" – „Alliierte" – und stammt von Lawrence Holofcener. Prinzessin Margaret enthüllte sie 1995.

Unten:
Die Carnaby Street verdankt ihre Bekanntheit den „Swinging Sixties", in denen die Modeschöpferin Mary Quant mit dem Minirock und ihrer PVC-Mode von sich reden machte, und Peggy March sang: „Was so alles geschieht in der Carnaby Street ..."

Oben:
Das Kaufhaus Selfridges an der Oxford Street erregte schon bei seiner Eröffnung 1909 großes Aufsehen. Heute locken die künstlerisch gestalteten Schaufenster Designer und Touristen aus aller Welt zum Schauen und Staunen an.

Links und ganz links:
Die Old Bond Street ist eine der teuersten Einkaufsstraßen Londons. Eine Adresse, die zu Stil verpflichtet, selbst beim Telefonieren mit dem „mobile phone".

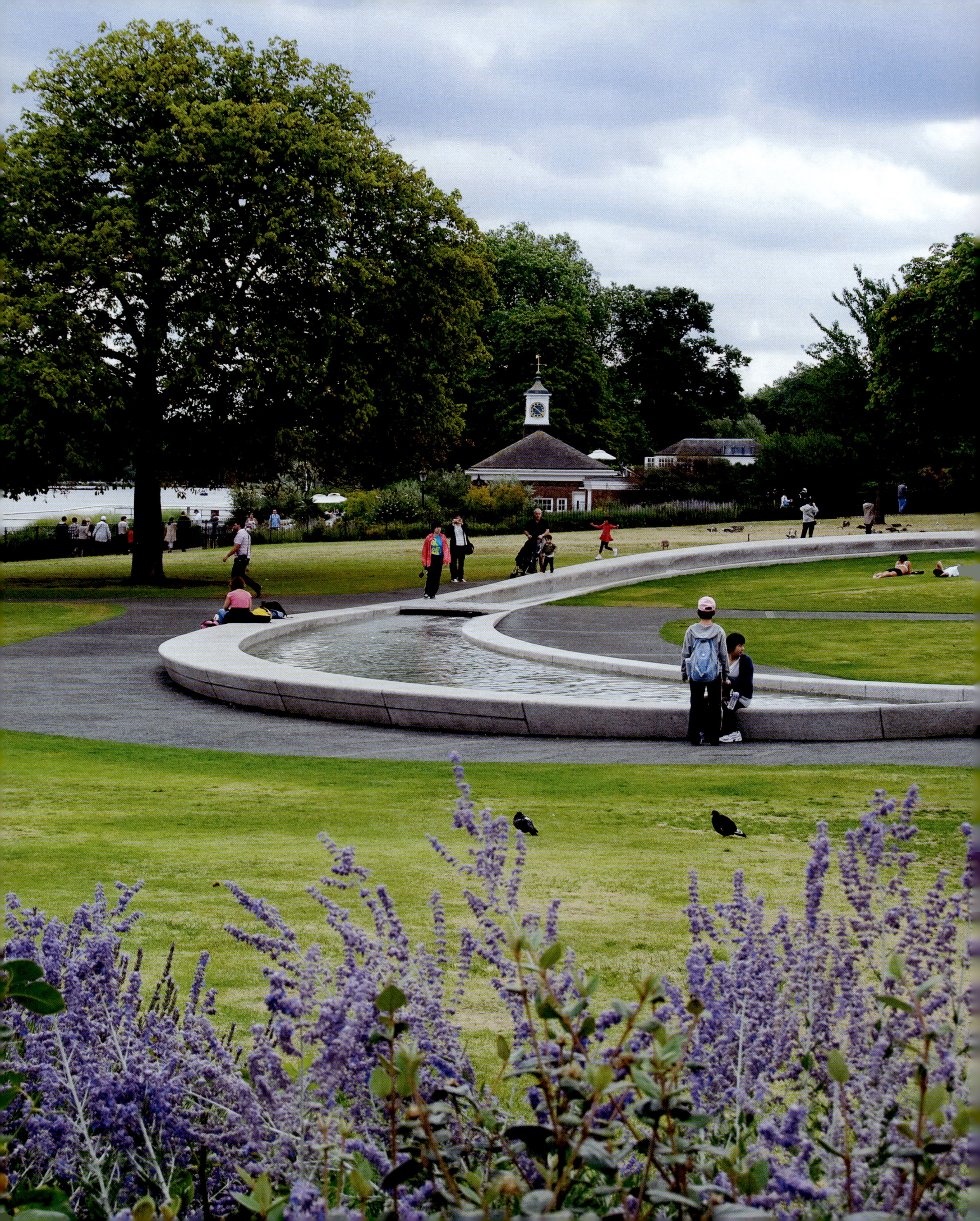

Oben:
Das Kaufhaus Selfridges an der Oxford Street erregte schon bei seiner Eröffnung 1909 großes Aufsehen. Heute locken die künstlerisch gestalteten Schaufenster Designer und Touristen aus aller Welt zum Schauen und Staunen an.

Links und ganz links:
Die Old Bond Street ist eine der teuersten Einkaufsstraßen Londons. Eine Adresse, die zu Stil verpflichtet, selbst beim Telefonieren mit dem „mobile phone".

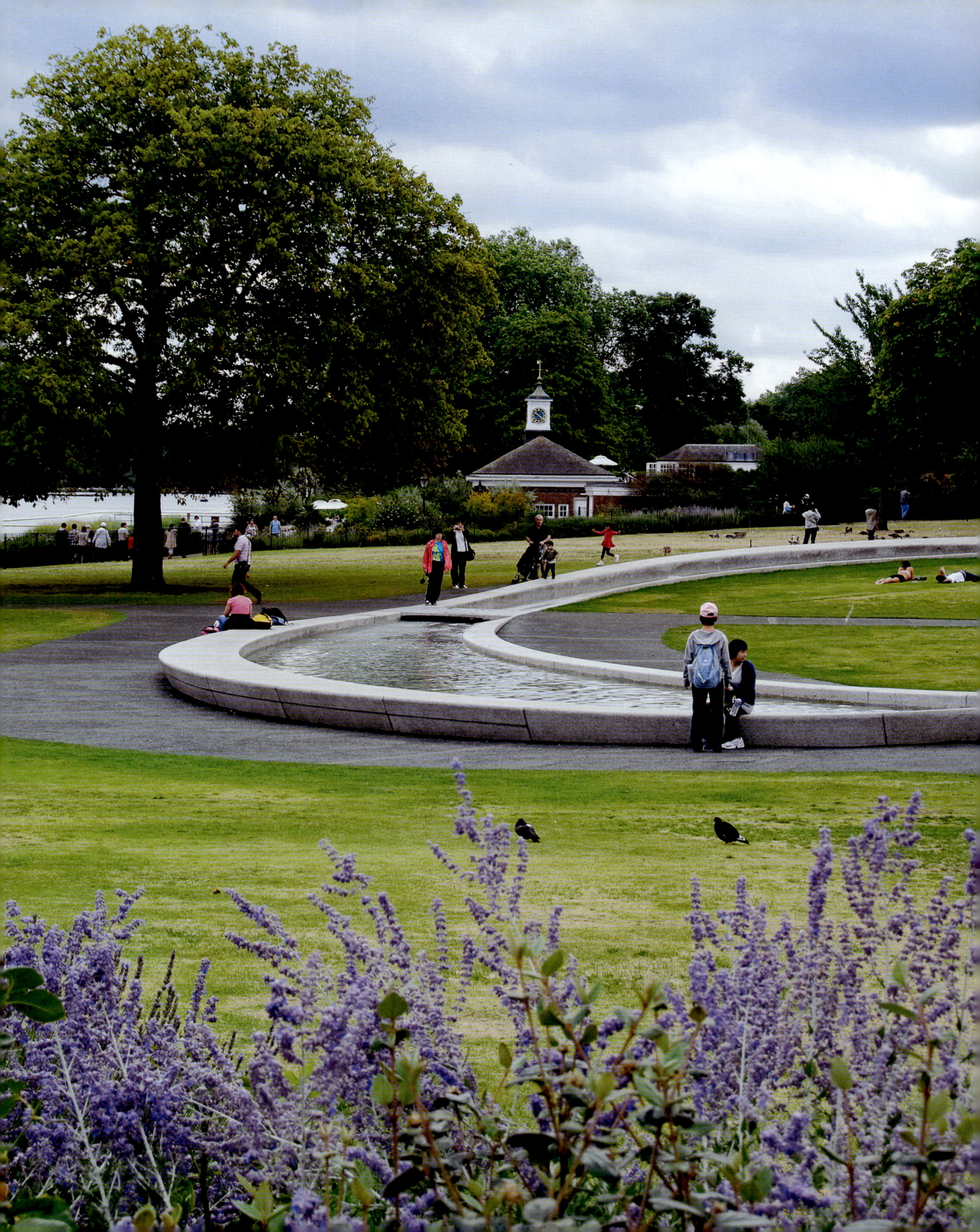

Linke Seite:
Im Prinzessin-Diana-Gedenkbrunnen im Hyde Park fließt das Wasser in einem Steinring in unterschiedlichen Richtungen. Im Sommer 2004 weihte ihn Königin Elisabeth II. ein.

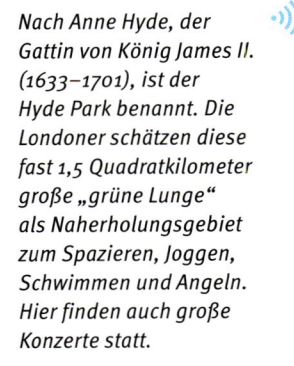

Nach Anne Hyde, der Gattin von König James II. (1633–1701), ist der Hyde Park benannt. Die Londoner schätzen diese fast 1,5 Quadratkilometer große „grüne Lunge" als Naherholungsgebiet zum Spazieren, Joggen, Schwimmen und Angeln. Hier finden auch große Konzerte statt.

Rechts:
Das Albert Memorial in den Kensington Gardens wurde von Königin Victoria zur Erinnerung an ihren geliebten, im Alter von 42 Jahren verstorbenen Ehemann Albert von Sachsen-Coburg und Gotha in Auftrag gegeben.

Unten:
Die südlich vom Albert Memorial gelegene, 1871 eröffnete Royal Albert Hall kann etwa 8000 Besucher aufnehmen und wird für die verschiedensten Veranstaltungen vom Symphoniekonzert („Proms") bis zum Boxkampf genutzt.

Oben:
Burlington House am Piccadilly ist Sitz der Royal Academy of Arts sowie einiger wissenschaftlicher Gesellschaften. Im Hof Skulpturen von Barry Flanagan (1941–2009). Eins seiner Lieblingsmotive waren Hasen in allerlei Lebenslagen.

Links:
Die 1819 eröffnete Burlington Arcade mit ihren heute etwa vierzig Läden war der Prototyp einer ganzen Reihe ähnlicher überdachter Einkaufspassagen von St. Petersburg bis Mailand (Galleria Vittorio Emanuele).

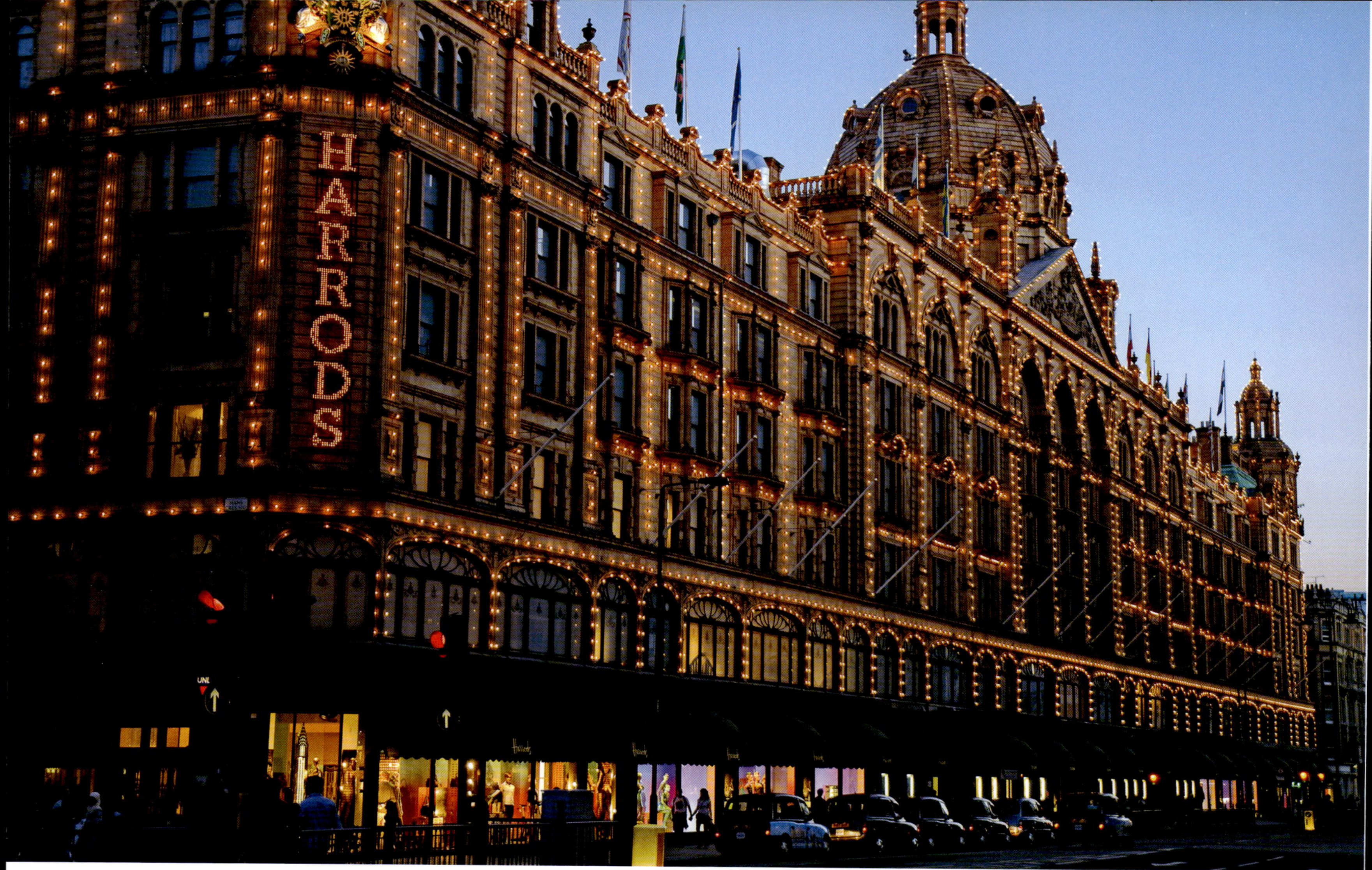
HARRODS
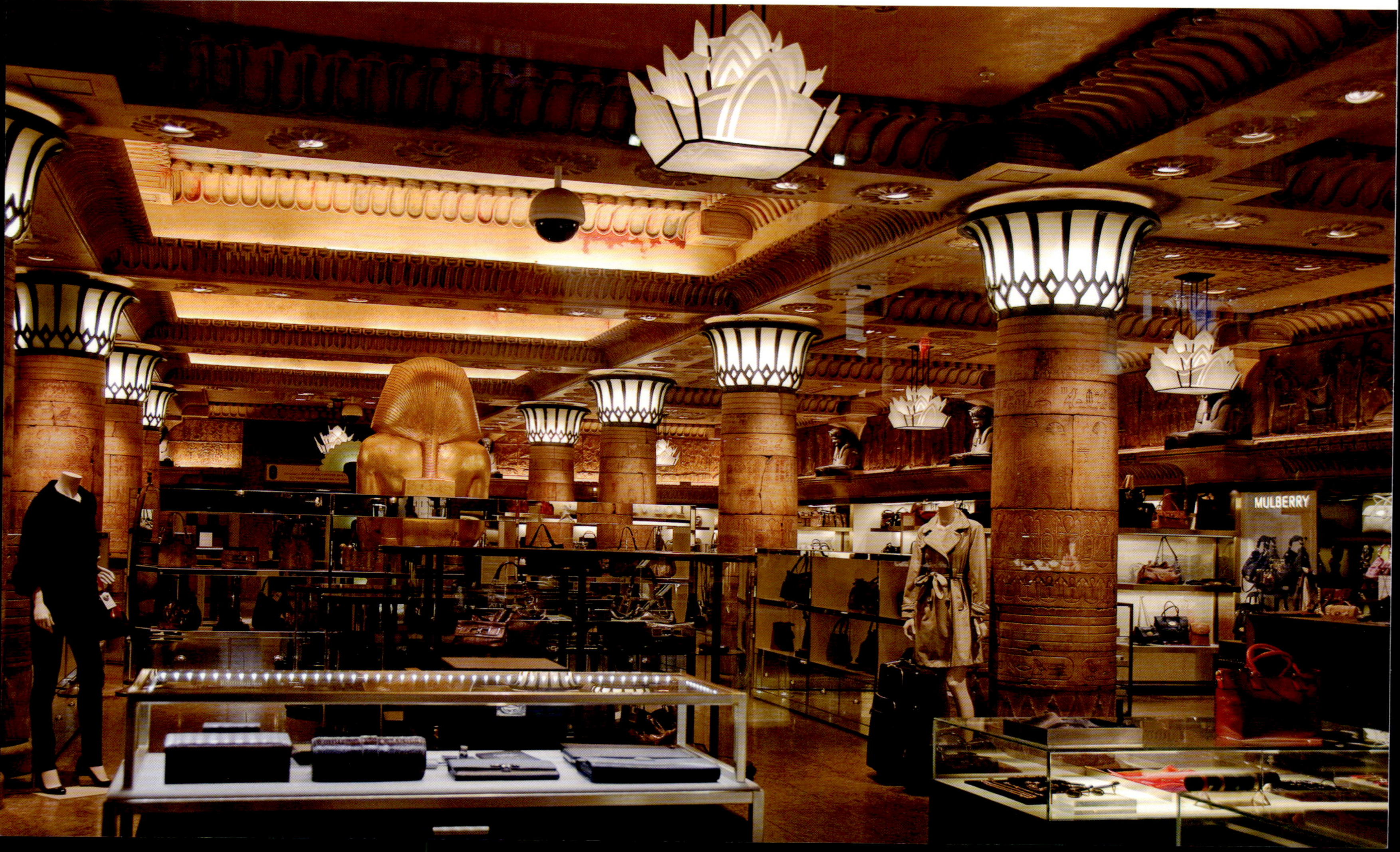
MULBERRY

Linke Seite, oben und unten:
Harrods an der Brompton Road ist das bekannteste Warenhaus Londons. Es wurde 1834 von Charles Henry Harrod gegründet. Bis 2001 war Harrods königlicher Hoflieferant.

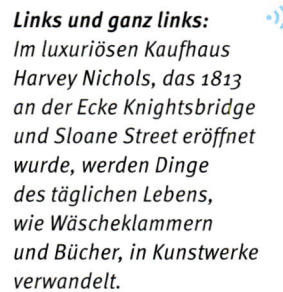

Links und ganz links:
Im luxuriösen Kaufhaus Harvey Nichols, das 1813 an der Ecke Knightsbridge und Sloane Street eröffnet wurde, werden Dinge des täglichen Lebens, wie Wäscheklammern und Bücher, in Kunstwerke verwandelt.

Links und ganz links:
Unterdessen präsentiert Harrods die Mode der kommenden Saison vor Modellen berühmter Gebäude wie dem Eiffelturm.

63

Underground – die grösste U-Bahn der Welt

"London: eine wunderbare Stadt, überall gehen die Uhren", stellte einmal der Schriftsteller Joseph Brodsky fest, und dichtete: "Angeschwollen wie eine Vene, wälzt sich die Themse ins Meer." – Ein ganz besonderes Kreislaufsystem, das den Organismus der britischen Hauptstadt am Leben erhält, ist die U-Bahn, offiziell "Underground" genannt, im Volksmund als "Tube" ("Röhre") bezeichnet.

In London verkehrt eine U-Bahn der Superlative! Sie ist älteste und größte der Welt. Auf über 400 Kilometern Strecke werden täglich rund 2,7 Millionen Fahrgäste befördert, an Spitzentagen bis zu 3,4 Millionen. Zur Rush Hour, wenn die Hauptlinien im Zwei-Minuten-Takt fahren, können sich bis zu 400 000 Menschen gleichzeitig in den Zügen der elf Linien aufhalten. An 260 Stationen werden jährlich mehr als eine Milliarde Fahrten angetreten.

Um das Jahr 1800 zählte die Metropole London rund eine Million Einwohner, 1840 bereits zwei und 1860 schon drei Millionen. Schon um 1850 pendelten täglich 750 000 Menschen in die Londoner Innenstadt. Der Eisenbahnverkehr begann und endete an Kopfbahnhöfen, die außerhalb der City liegen. Die Straßen dorthin waren verstopft mit Pferdekutschen. Um die Massen auch innerhalb der Stadt zu bewegen, erwog man ab der Mitte des 19. Jahrhunderts den kühnen Plan, Züge unterirdisch fahren zu lassen.

Am 10. Januar 1863 war Premiere: Von Paddington fuhr eine dampfbetriebene Eisenbahn unterirdisch zur Station Farringdon. Erst 1971 wurde der letzte Streckenabschnitt elektrifiziert, überall mit 630 Volt Gleichstrom. Die frühen Tunnel grub man 20 bis 50 Meter tief; bei diesen sogenannten Röhrenbahnen (Tube) liegt jedes Gleis in einer einzelnen Röhre mit einem Durchmesser von 3,56 Metern. Später ging man zur Bauweise der Unterpflasterbahn (Sub-Surface) über, die nur fünf Meter unter der Straße fährt. Nur 45 Prozent des gesamten Streckennetzes verlaufen tatsächlich unterirdisch, und nur zehn Prozent liegen südlich der Themse.

Bereits 1880 beförderten die Linien 40 Millionen Fahrgäste im Jahr. Die Strecken, die die Innenstadt mit der angrenzenden Provinz verbanden, führten schon damals zur Ausdehnung Londons ins Umland und zu dessen Verstädterung. Zwischen den Weltkriegen wurde das Streckennetz nochmals erweitert. Die hierfür von Charles Holden entworfenen Stationsgebäude im Art-déco-Stil stehen heute teilweise unter Denkmalschutz. Während des Zweiten Weltkriegs dienten die U-Bahn-Schächte als Luftschutzbunker. In einer Station wurde eine Fabrik für Flugzeugteile eingerichtet, eine andere wurde als Sitzungsraum für Winston Churchills Kabinett genutzt, und wieder anderswo in den Stollen lagerte das Britische Museum seine Kunstschätze.

Die U-Bahn gilt als sicheres Verkehrsmittel. Es ereignen sich – gemessen am hohen Verkehrsaufkommen – nur wenige Unfälle oder Brände. Allerdings erfolgt statistisch jede Woche ein Suizidversuch auf den Schienen, von denen ein Drittel tödlich verläuft. Eine der schlimmsten Katastrophen stellte der Terroranschlag vom 7. Juli 2005 dar, bei dem 50 Menschen starben und mindestens 700 verletzt wurden. Ausführlich informiert das sehenswerte London Transport Museum (Covent Garden) über Geschichte und Gegenwart der Underground und aller anderen Verkehrsmittel in der Stadt.

Abbild der Welt

Die U-Bahn befördert Einheimische und Touristen schneller und billiger als ein bequemeres Taxi. Eine einzelne Metrofahrt ist mit einem Preis von circa vier Pfund zwar ziemlich teuer; günstiger sind Abo- oder Mehrtagestickets. Dennoch decken die Fahrkarteneinnahmen nur etwa 60 Prozent der Betriebskosten. Auf den Stationen bemüht man sich um Sicherheit und Sauberkeit. Oft sind lange Fußwege zu bewältigen, vor allem, wenn man von einer Linie zur anderen wechselt. Doch im Waggon begegnet man dafür einem Abbild der Welt: Menschen aller Nationalitäten, Hautfarben und Sprachen drängen sich für die schnelle Fahrt zusammen. Sie alle hören, bevor sich die Türen öffnen, die freundliche, aber mahnende Stimme vom Band: "Mind the gap" – "Beachte den Spalt" (zwischen Wagen und Bahnsteig). Ein berühmter Slogan, der längst Souvenirs schmückt, Tassen und Kugelschreiber, sogar String Tangas…

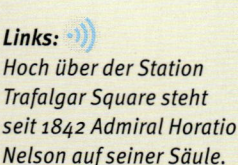

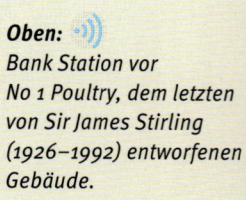

Links:
Hoch über der Station Trafalgar Square steht seit 1842 Admiral Horatio Nelson auf seiner Säule.

Oben:
Bank Station vor No 1 Poultry, dem letzten von Sir James Stirling (1926–1992) entworfenen Gebäude.

Rechts oben:
Station am Leicester Square bei Wyndham's Theatre.

Rechts Mitte:
An der Wand der Station Baker Street behält Sherlock Holmes die Fahrgäste im Blick.

Rechts:
Das Logo der Londoner U-Bahn geht auf einen Entwurf aus dem Jahr 1908 zurück.

65

Das Natural History Museum (Naturhistorisches Museum) ist in einem prachtvollen viktorianischen Gebäude untergebracht, das an eine Kathedrale erinnert. Es beherbergt etwa 40 Millionen Objekte, vom Schmetterling über Dinosaurier- und Blauwalskelette bis zum Modell des um 1690 ausgestorbenen Vogels Dodo.

Das Victoria and Albert Museum in Kensington, kurz „V&A", geht auf Queen Victoria und ihren Gemahl Prinz Albert zurück. Es verfügt über eine Sammlung von Kunstschätzen aus aller Welt, darunter Skulpturen, Kleidung und Kostüme, Porzellan- und Glasgefäße, Möbelstücke und Musikinstrumente.

Oben:
Im Kensington Palace wurde 1819 Queen Victoria geboren. Prinzessin Diana lebte hier von 1981 bis zu ihrem Tod 1997. Derzeit bewohnen der Herzog und die Herzogin von Kent Teile des Palastes.

Rechts:
In der direkten Nachbarschaft des Kensington Palace liegt am westlichen Rand des Hyde Parks der noble Stadtteil Kensington, bevorzugter Wohnort von Adel und Prominenz. Isaac Newton, Virginia Woolf und Freddie Mercury zählten dazu.

Seite 70/71:
Die kleine Stadt Windsor grenzt an den Südwesten Londons. Shakespeare verewigte sie in seiner Komödie „Die lustigen Weiber von Windsor". Doch nicht nur das königliche Schloss lockt Besucher an, sondern auch der 1996 eröffnete Legoland-Freizeitpark.

Links:
In den Royal Botanic Gardens in Kew (Kew Gardens) im Südwesten Londons steht der 1631 erbaute Kew Palace, auch „Dutch House" genannt. Sein Erbauer Samuel Fortrey war ein Kaufmann niederländischer Abstammung.

Unten:
Syon House und sein 80 Hektar großer Park liegen Kew Gardens gegenüber auf der anderen Seite der Themse. „The Great Conservatory" von 1830 war das erste größere Gewächshaus in Gusseisen-Glas-Bauweise.

Windsor Gifts & Souvenirs

THE CARPENTERS ARMS
Castle Studios
Old Time Photography
Ready in 10 mins
SUNDAY LUNCH
MENU
CARPENTERS ARMS

Rechts:
Antiquariat am Flask Walk in Hampstead. Erholung bietet ganz in der Nähe der 3,2 Quadratkilometer große Heidepark Hampstead Heath.

Ganz rechts:
Fürs leibliche Wohl sorgen in Hampstead kleine Straßenlokale wie dieses, wo man den Füßen eine Pause gönnen kann.

Unten:
„Little Venice" – „Klein-Venedig" – heißt dieser Arm des Grand Union Canals, der London mit Birmingham verbindet. Wer möchte nicht gerne Besitzer eines der bunten Hausboote sein und hier den Tag verträumen?

Oben:
Hampton Court Palace liegt am Ufer der Themse, im Stadtbezirk Richmond upon Thames. Die Barockfassade des Schlosses stammt von Sir Christopher Wren.

Links:
Der Hampton Court Park ist seit 1894 der Öffentlichkeit zugänglich. Etliche Bäume hier sind mehrere hundert Jahre alt.

🔊) Portobello Road in Notting Hill ist eine ganz besondere Adresse – spätestens, seit Cat Stevens sie in den „Swinging Sixties" besang. Montags bis freitags werden hier Lebensmittel, Second-Hand-Kleidung und Antiquitäten verkauft, an den Samstagen kann man an Marktständen fündig werden.

Seite 76/77:
Der „All Saints Shop" an der Portobello Road in Notting Hill beherbergt eine riesige Sammlung alter Nähmaschinen.

Bunte Häuser, etwas Exotik, kleine Läden und Cafés – eine Mischung aus Alternativszene und Schickimicki macht den Reiz von Notting Hill aus. „Alice's" Antiquitätenlädchen ist seit 1887 im Familienbesitz.

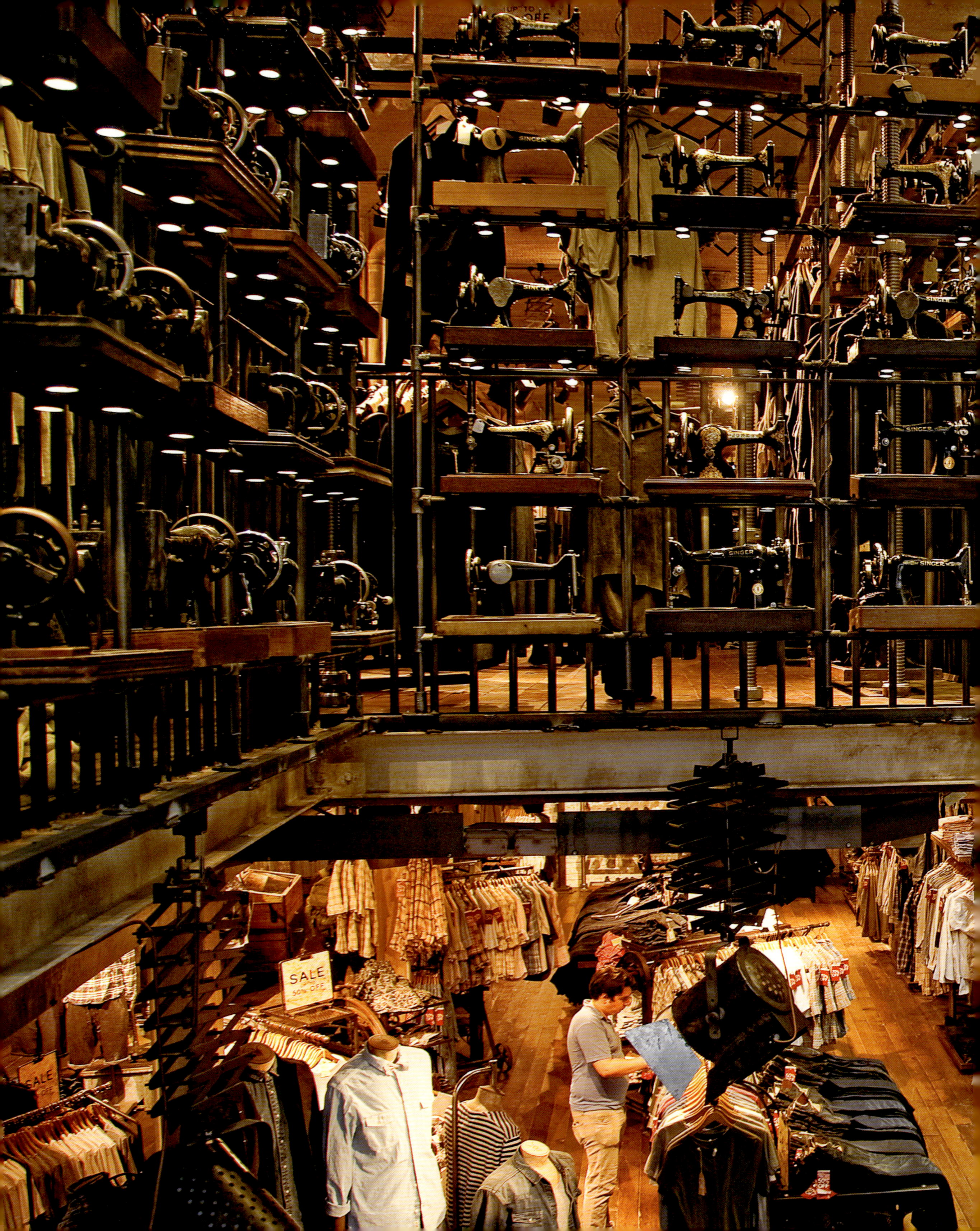
SALE
50% OFF
SINGER

LLSAINTS SPITALFIELDS

Der historische Kern

Blick auf die Londoner Skyline von der Waterloo Bridge aus. Rund dreihundert Jahre liegen zwischen der St Paul's Cathedral von Sir Christopher Wren und dem Swiss Re Tower („The Gherkin") von Lord Norman Foster.

Der historische Kern Londons, die City of London, ist der kleinste aller Londoner Stadtteile. Die „reichste Quadratmeile der Welt" (2,6 Quadratkilometer) ist Sitz der internationalen Finanzwelt. Zu den sehenswerten Gebäuden aus der Vergangenheit zählt die Guildhall, mehrere Jahrhunderte lang Rathaus der City. Sie geht teilweise auf das Jahr 1411 zurück. Die von Sir Christopher Wren 1710 fertig gestellte St Paul's Cathedral mit ihrer 111 Meter hohen Kuppel gehört zu den größten Kirchen der Welt; sie ist der erste Dom, der eigens für die Anglikanische Kirche errichtet wurde. Östlich von St Paul's liegt ein weiteres London-„Muss": der Tower. Diese Festungsanlage diente als königlicher Palast, Waffenkammer, Gefängnis, Staatsarchiv, Münzprägeanstalt und Sternwarte. Bis heute werden hier die Kronjuwelen aufbewahrt. Einige Gebäude des Towers, der zum UNESCO-Weltkulturerbe zählt, stammen aus dem 11. Jahrhundert; die Tower Bridge mit ihren 65 Meter hohen Türmen eröffnete man erst 1894. Auf der Tower Bridge die Themse zu überqueren, sollte man sich nicht entgehen lassen.

Am Fluss entlang ostwärts gelangt man in die „Docklands". Die Docks waren früher Teil des Hafens von London, einst der größte Hafen der Welt. Heute wird das Gelände für Wohn- und Geschäftszwecke genutzt. Das British Museum gehört mit über sechs Millionen Objekten zu den größten kulturhistorischen Sammlungen der Welt. Sehenswert ist auch die von Lord Norman Foster stammende Überdachung des Innenhofs. Beim Publikum besonders beliebt ist das Wachsfigurenkabinett von Madame Tussaud, zu dem inzwischen weltweit mehrere Filialen gehören. Erholung vom Sightseeing findet man beim Flanieren durch den Regent's Park im Norden des Zentrums, ehemals königlicher Garten. In ihm befindet sich auch der Londoner Zoo.

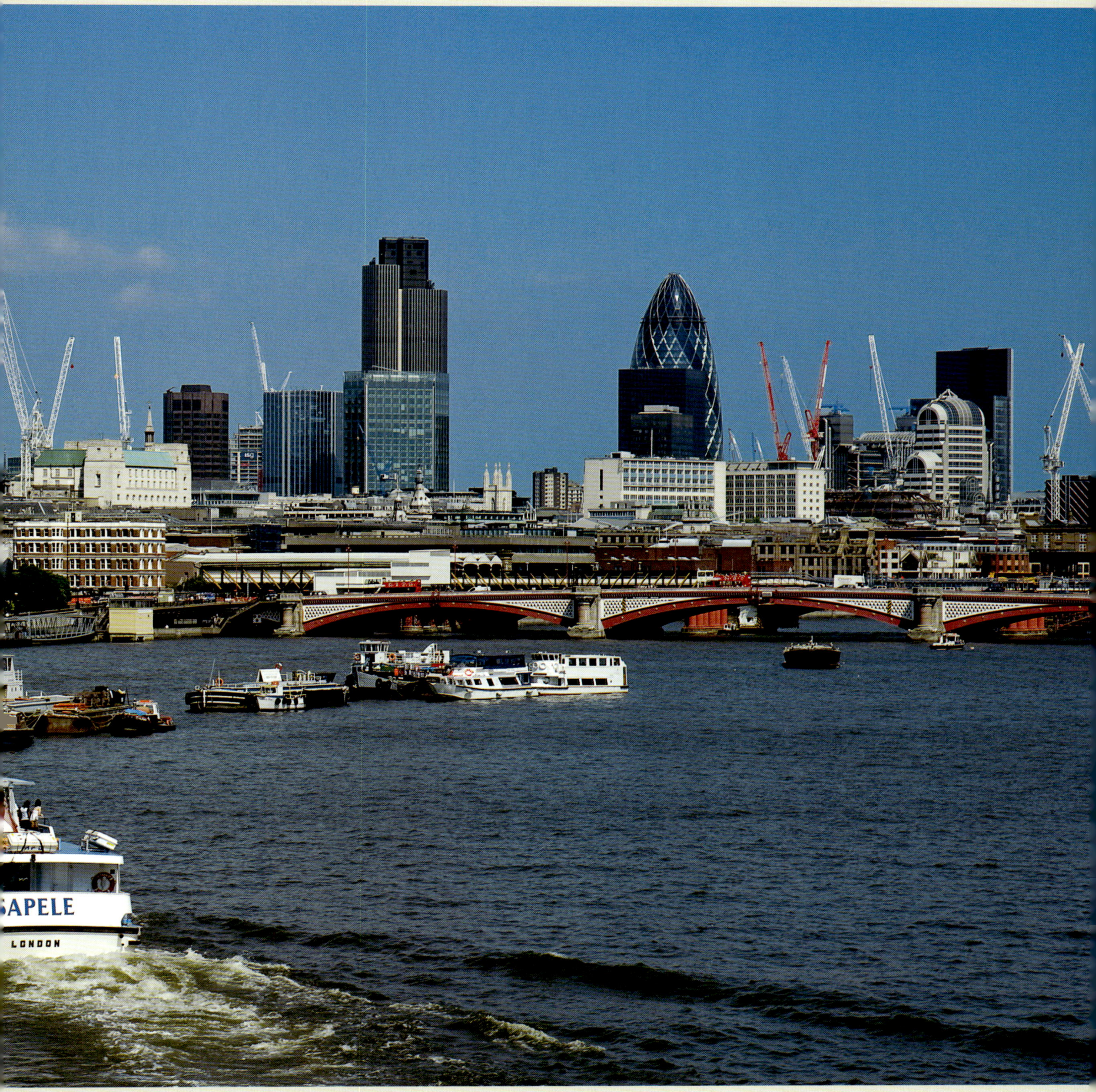
APELE
LONDON

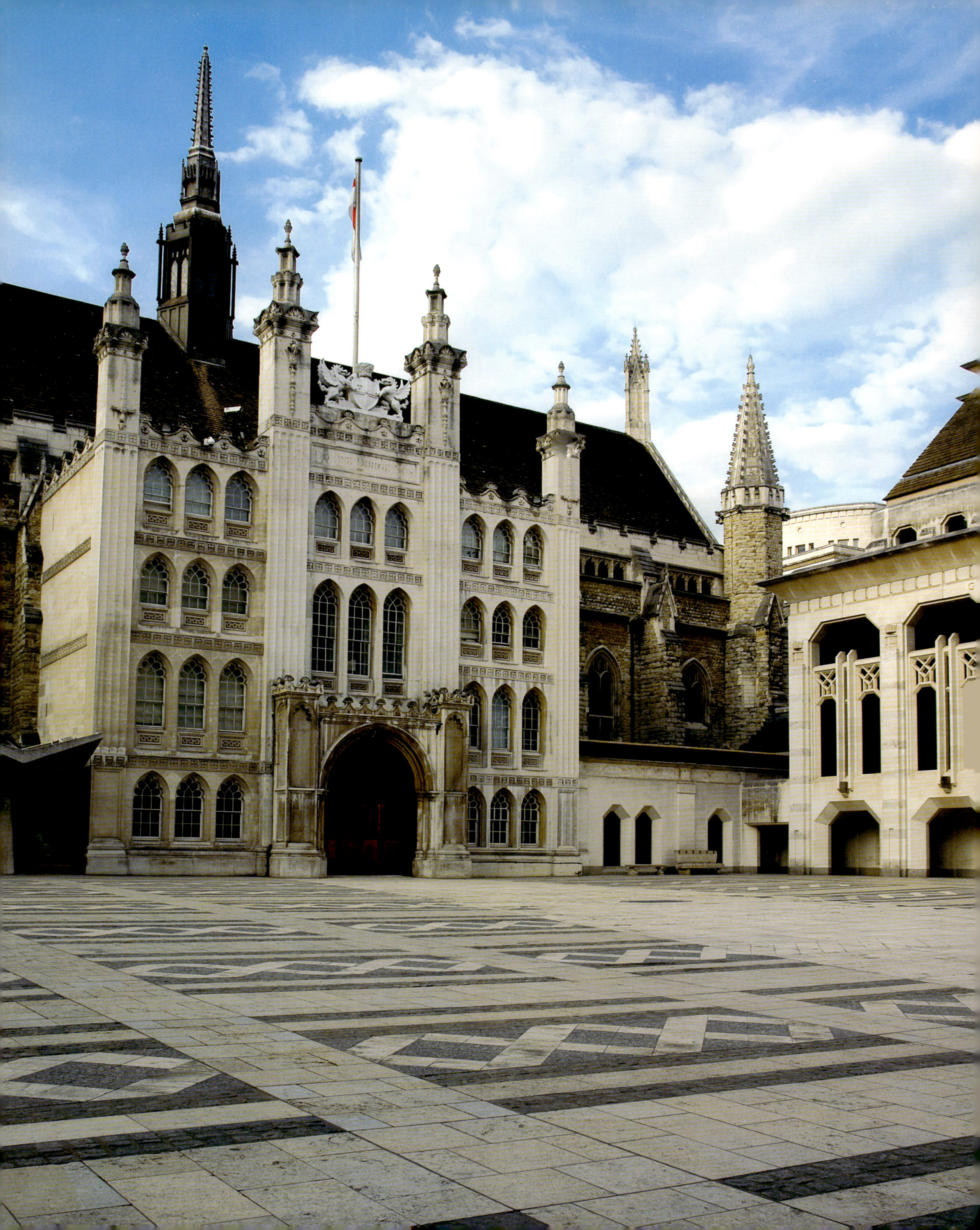

Linke Seite:
Die Guildhall war einige Jahrhunderte lang das Rathaus der Stadt. Sie wurde beim Großen Brand 1666 und im Zweiten Weltkrieg schwer beschädigt und 1953 bis 1954 nach den Entwürfen des Architekten Giles Gilbert Scott wieder aufgebaut, welcher auch die bekannten roten Telefonzellen entwarf.

Links:
Ostfassade und Uhrturm der Royal Exchange (Börse) an der Threadneedle Street. Den Grundstein zu dem Gebäude im klassizistischen Stil legte Prinzgemahl Albert; Queen Victoria eröffnete es 1844.

Seite 82/83:
Das Willis Building von Lord Norman Foster und das Lloyd's Building von Sir Richard Rogers. Das Zitat auf dem Zaun „Be the change you want to see in the world" stammt von Mahatma Gandhi: „Sei du die Veränderung, die du auf der Welt zu sehen wünschst."

81

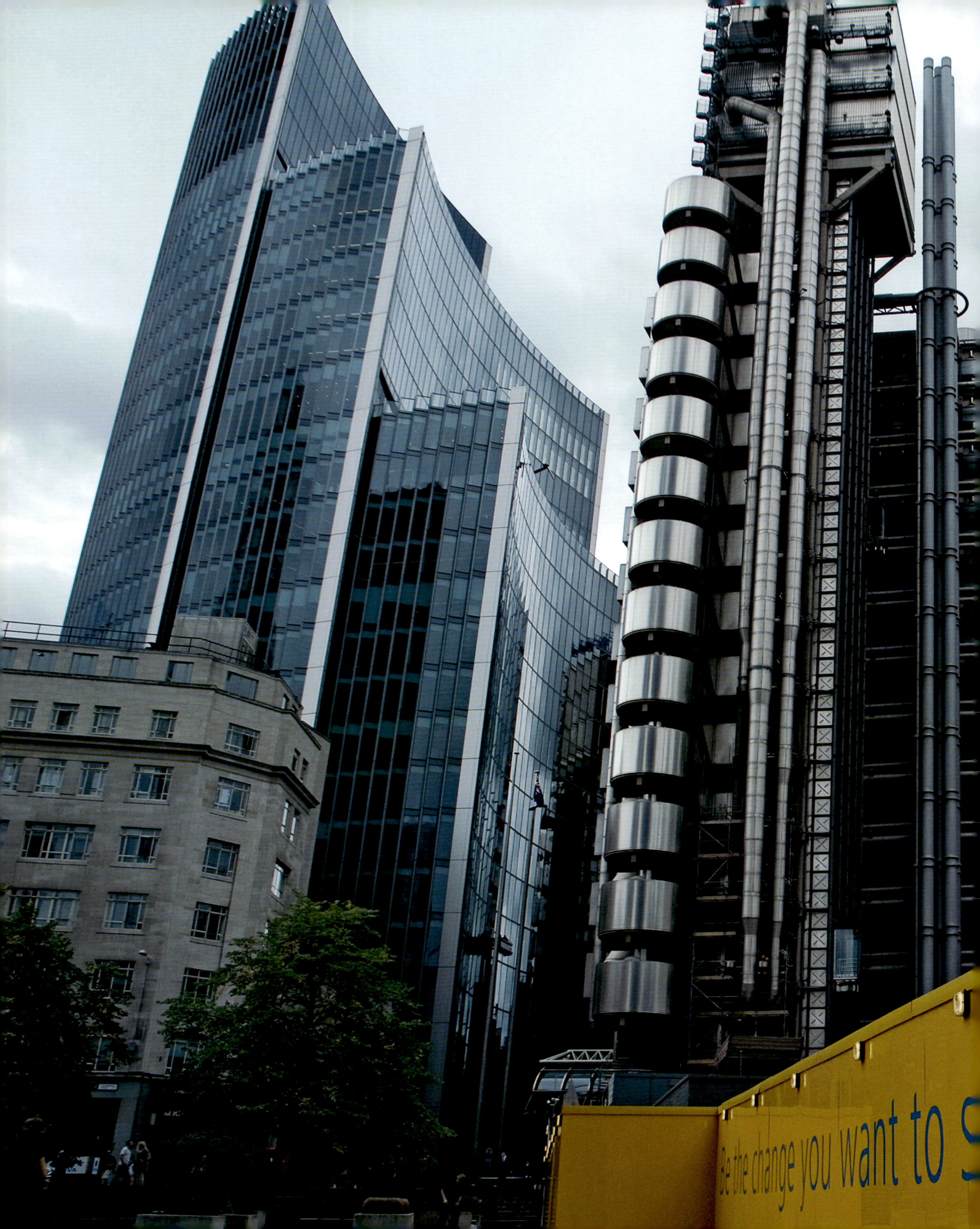
Be the change you want to

in the world

Oben:
Skyline am Nordufer der Themse, hinten in der Bildmitte der Swiss Re Tower, im Vordergrund Old Billingsgate Market von 1875. Hier wurde einst der Fischmarkt abgehalten.

Rechts und ganz rechts:
„The Gherkin" – „Gewürzgurke" – wird der 180 Meter hohe Swiss Re Tower genannt, nach seiner Adresse auch: „30 St Mary Axe". Davor die Kirche St Andrew Undershaft aus dem Jahr 1532. Die Fassade des Swiss Re Tower ist mit rautenförmigen und dreieckigen Glaselementen verkleidet.

Ganz links:
Die Geschichte der Royal Exchange reicht bis ins Jahr 1565 zurück. Die Börse ist längst umgezogen; der historische Bau aus den Jahren 1838 bis 1844, ist heute ein luxuriöses Shopping-Zentrum.

Links:
Das Lloyd's Building von Sir Richard Rogers ist Sitz der Versicherung Lloyd's of London.

Unten:
Bank of England und Royal Exchange an der Threadneedle Street. Das Kriegerdenkmal davor ist den Londonern gewidmet, die im Ersten Weltkrieg dienten.

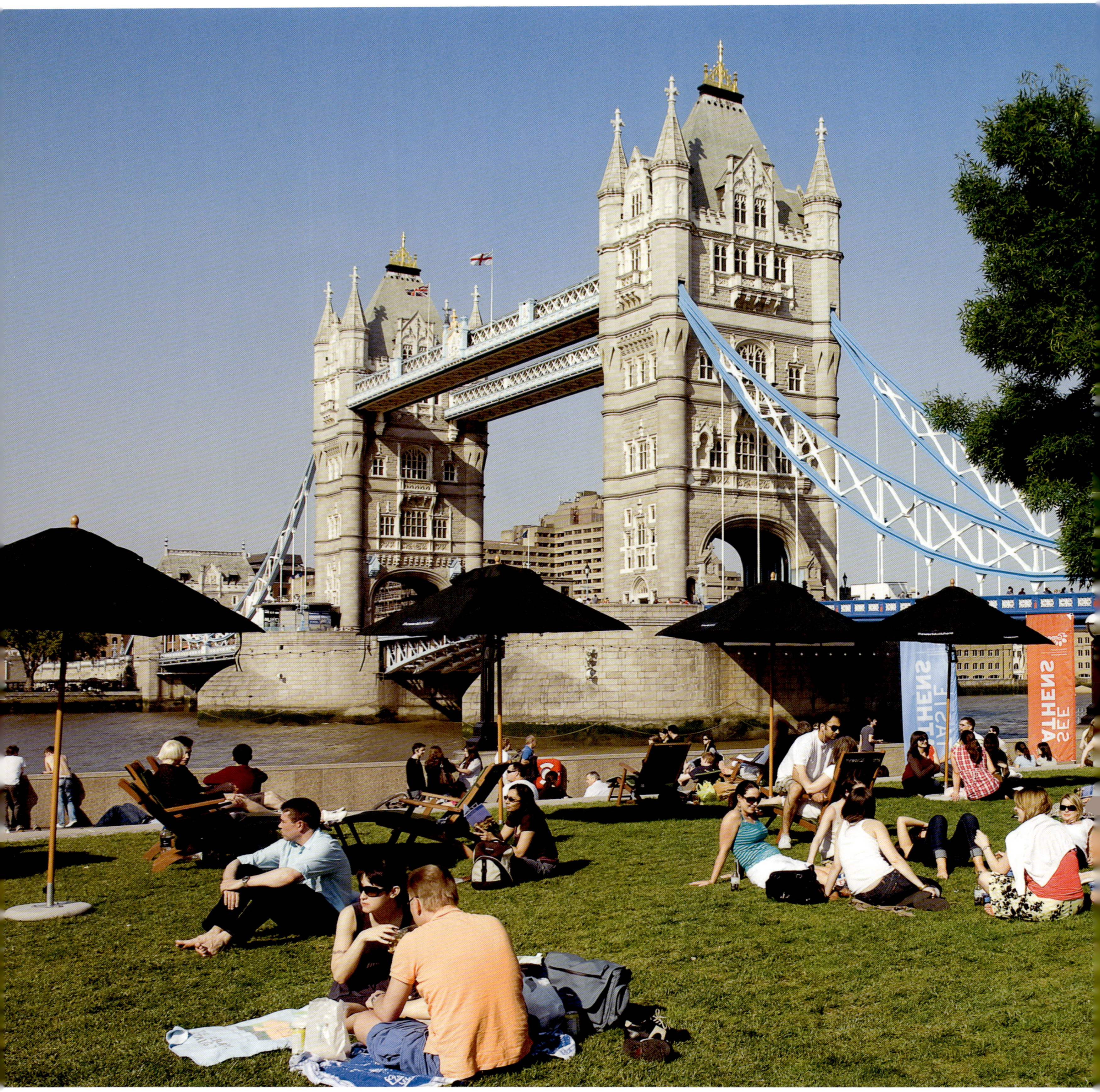

Links:
Frühling an der Tower Bridge. Zu Beginn des 21. Jahrhunderts wurde sie gereinigt und restauriert, was nur alle fünfundzwanzig Jahre geschieht.

Unten:
Schwerelos wirken die Figuren des Delphinbrunnens von David Wynne (*1926) an der St Katharine's Pier bei der Tower Bridge.

Seite 88/89:
„Her Majesty's Royal Palace and Fortress", der Tower of London. Mittelalterliche Mauern und Wassergräben schützen die britischen Kronjuwelen.

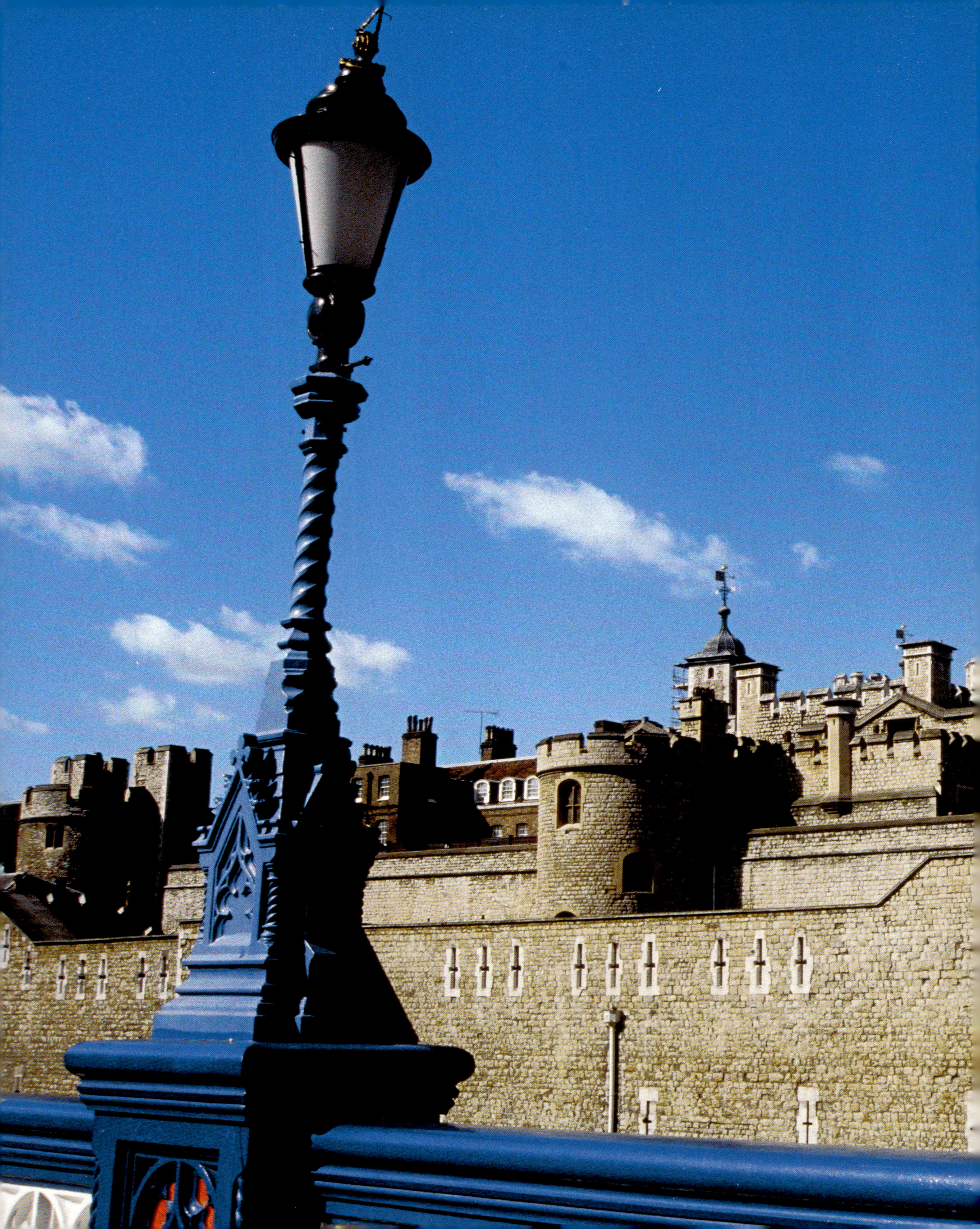

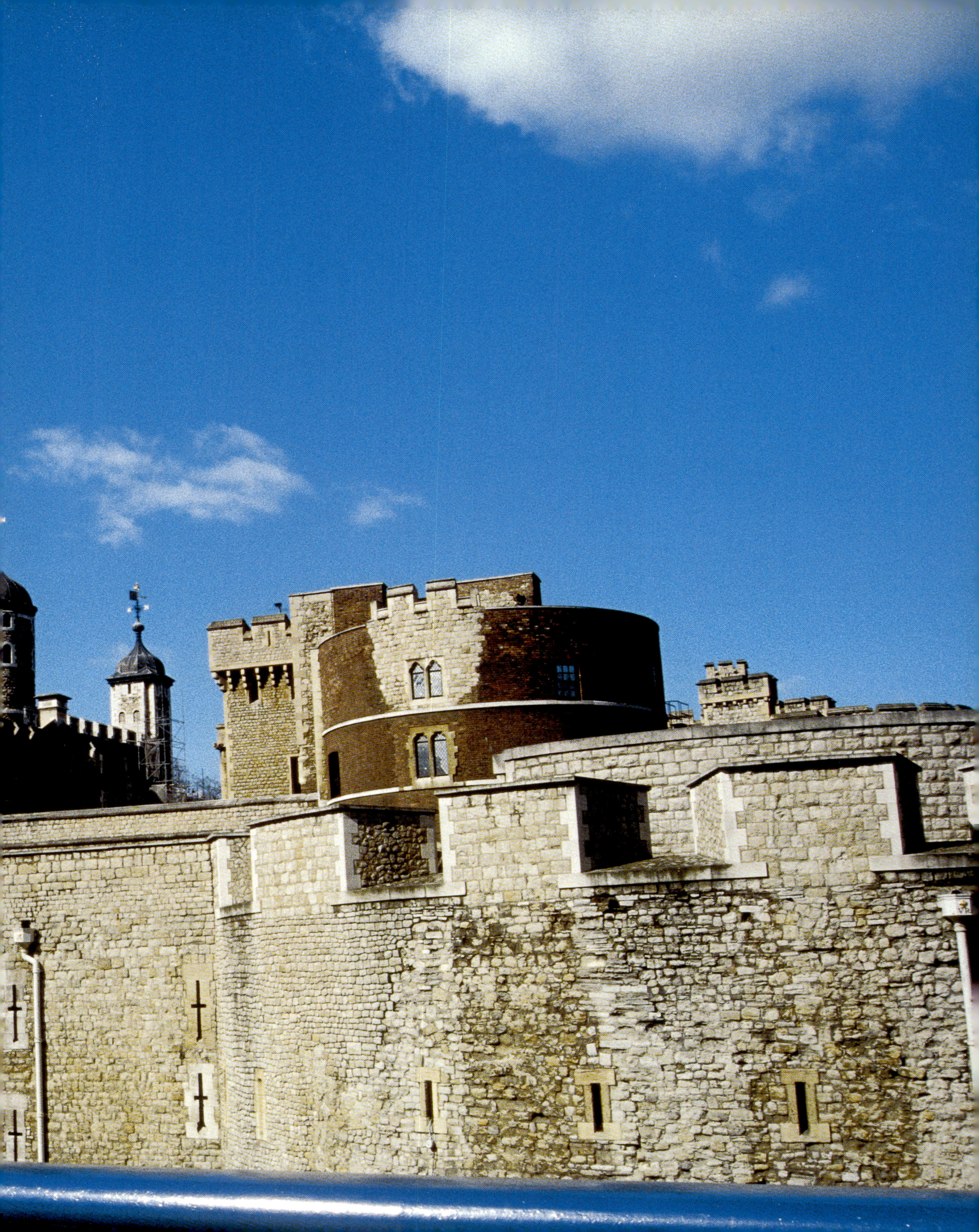

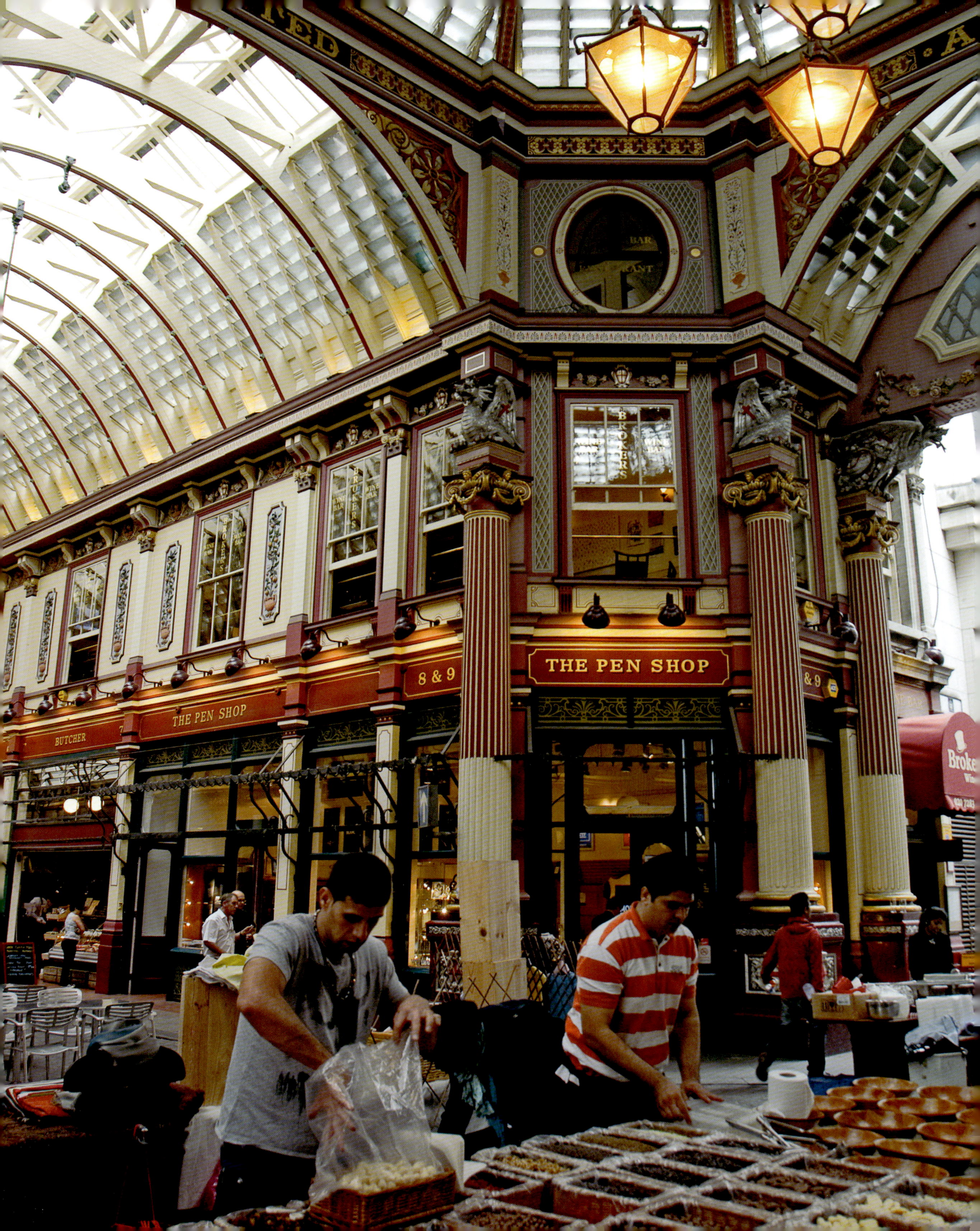
THE PEN SHOP
8 & 9
THE PEN SHOP
BUTCHER

Linke Seite:
Leadenhall Market ist eine mit Glas überdachte Einkaufspassage des 19. Jahrhunderts, wie es sie auch in anderen europäischen Metropolen gibt, zum Beispiel in Mailand.

Ganz links:
Liebhabern klassischer englischer Krimis ist er ein Begriff: Old Bailey, der zentrale Strafgerichtshof, mit Justitia zuoberst auf der Kuppel.

Links:
Die Kuppel von St Paul's Cathedral. Sir Christopher Wren, der Architekt, nahm sich die Kuppel des Petersdoms in Rom zum Vorbild.

Links:
Das College of Arms ist das für Heraldik in England und Wales zuständige Amt. Sein Sitz befindet sich in diesem zwischen 1673 und 1683 errichteten Backsteinbau an der Queen Victoria Street.

Seite 92/93:
St Paul's Cathedral gehört zu den größten Kathedralen der Welt. Sie wurde nach 1666 anstelle des beim Großen Brand von London zerstörten Vorgängerbaus errichtet. Zahlreiche Gräber und Denkmäler bedeutender Persönlichkeiten der britischen Geschichte befinden sich hier.

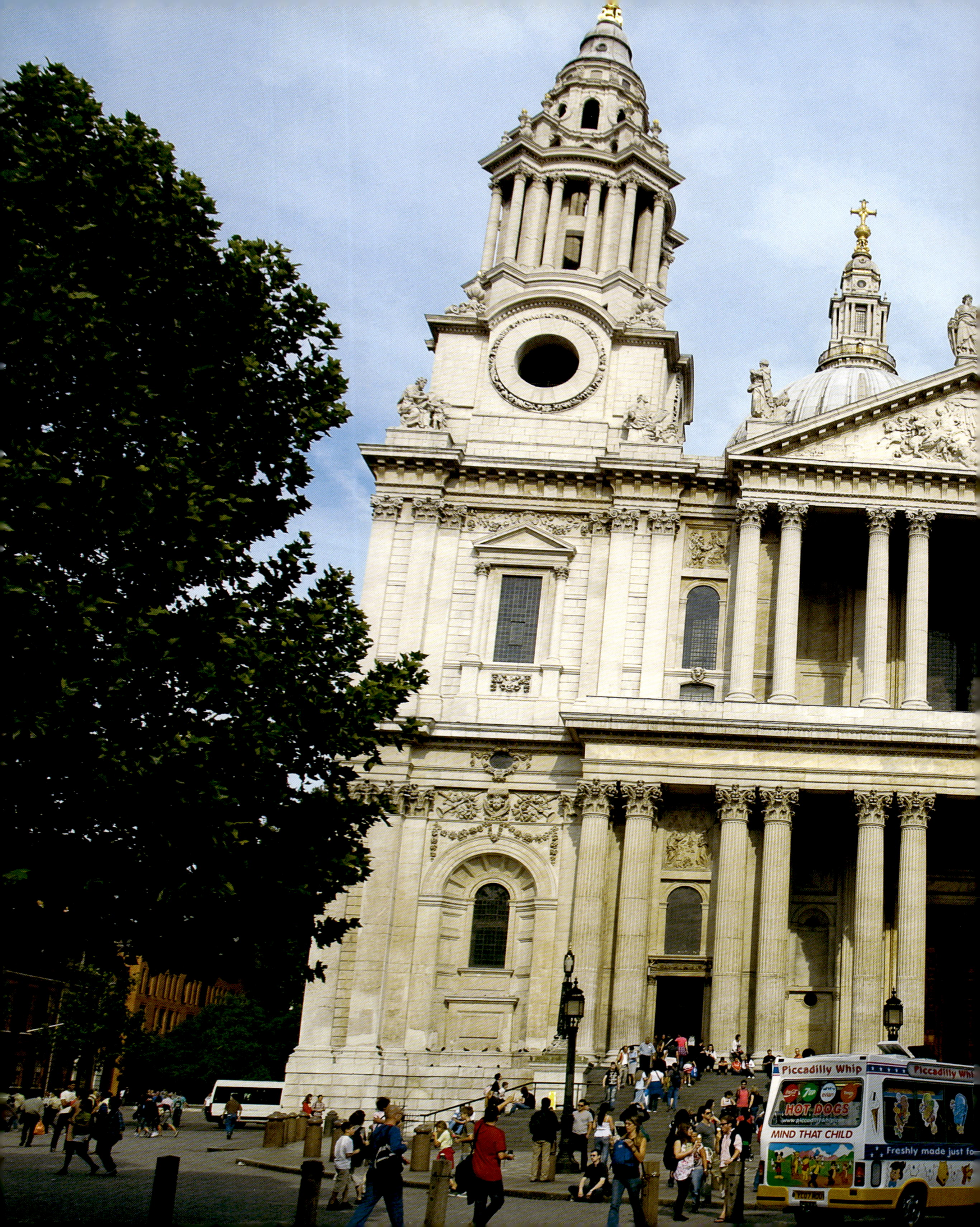
Piccadilly Whip
HOT DOGS
MIND THAT CHILD

15
Aldwych
Fleet Street
St Paul's Cathedral
TOWER HILL
Cooler air-con or your money back.

Oben:
Dekorativ – aber nicht zeitgemäß und barrierefrei. Daher sind die Tage dieser klassischen roten „telephone boxes" in Smithfield Market wohl bald gezählt.

Rechts:
Lincoln's Inn Archway am New Square ist ein typisches Beispiel georgianischer Architektur um 1800.

Links:
Das neugotische Gebäude der Royal Courts of Justice, an The Strand in Westminster gelegen, beherbergt das Berufungsgericht und den Obersten Gerichtshof von England und Wales. Old Bailey liegt eine halbe Meile weiter östlich.

Unten:
August in London, im kleinen Park Lincoln's Inn Fields, nicht weit von den Königlichen Gerichtshöfen.

Das Pub – eine britische Institution

‚Sag mal, wie kommst du mit den Engländern zurecht?' – ‚Ich glaube, mir sind noch keine begegnet. In London wimmelt es von Ausländern.'" – Mit heiterer Ironie erzählt die Literaturnobelpreisträgerin von 2007, Doris Lessing, in ihren autobiografischen Schriften, wie sie 1949 von Rhodesien nach Großbritannien kam. – Ihre Freundin rät ihr, in ein Pub zu gehen, dort könne man „echte Engländer" kennen lernen. So ist es noch heute: Im Pub – dem „Public House", also dem öffentlich zugänglichen Haus – scheinen traditionelle Standesunterschiede eingeebnet. In der Mittagspause oder nach Feierabend trifft man sich im Pub auf ein Glas Bier; Handwerker und Geschäftsleute, Dozentinnen und Handy-Verkäufer, Jung und Alt trinken und plaudern, spielen Darts oder Billard.

Das traditionelle Wirtshaus stellt sich im Gegensatz zur modernen Szenekneipe oder dem anspruchsvollen Restaurant rustikal dar. Die Einrichtung ist meist in Holz gehalten, an den Wänden stehen Sofas, auf dem Boden liegen Teppiche. Manch urige Pubs befinden sich in historischen Gebäuden, wie das „Ye Olde Cheshire Cheese" an der Fleet Street, das „Cittie of Yorke" am High Holborn oder das „Dog and Duck" im Herzen von Soho.

Im Pub übertrifft das Angebot an Getränken das der Speisen an Quantität (und manchmal an Qualität). Getrunken wird hauptsächlich obergäriges „Ale" oder untergäriges „Lager"; Maßeinheit ist die „Pint", etwa 568 Milliliter; man kann auch eine halbe bestellen. In der Regel hält die Wirtschaft eine ansehnliche Auswahl an schottischen und irischen Whiskys bereit; die der Weine ist weniger umfangreich. Auf der Speisekarte steht Hausmannskost: Pies – Pasteten mit Fleischfüllung –, Suppen, Steak, Würstchen und Kartoffelbrei, Hamburger und natürlich „Fish & Chips". Dutzende Pubs rühmen sich, die besten von ganz London anzubieten. Gewürzt wird diese britische Variante der Pommes frites gerne mit Malzessig.

Last Orders

Die Institution des Pubs reicht zurück bis in die Antike. Schon die Römer siedelten an den Knotenpunkten ihres weitläufigen Straßennetzes Schenken mit Übernachtungsmöglichkeit an; eine ähnliche Funktion hatten später die „Inns" genannten Herbergen für die Postkutschen. Lange waren Gaststätten für die Armen ein willkommener Ort zum Aufwärmen. Der Versuchung, die Frustration über harte Lebensbedingungen im Rausch zu ertränken, trat 1915 ein Gesetz entgegen, das die Sperrstunde einführte. Um 23 Uhr hatte das Pub zu schließen. Fünfzehn Minuten vorher läutete der Wirt eine Glocke und rief: „Last Orders!" – „Letzte Bestellungen!" –, dann konnte noch schnell ein Drink gekippt werden. Die ursprüngliche Intention dieser staatlichen Erziehungsmaßnahme zielte auf unverkaterte Arbeitskräfte am nächsten Morgen in der Fabrik. Erst im November 2005 wurde die Sperrstunde abgeschafft; nun kann man – zumindest in London – bis zwei Uhr früh im Pub sitzen. Mittlerweile hat das Unterhaus für ein Rauchverbot in Pubs und Clubs gestimmt. Wenn dadurch auch einiges in Bewegung geraten ist, manche Sitte hat doch Bestand. So ordert im englischen Pub der Gast an der Theke seine Getränke und bringt sie selbst zu seinem Platz. Die Bestellung ist sofort zu bezahlen, ein Trinkgeld ist nicht üblich. In Anerkennung für freundlichen Service kann man jedoch den Wirt zu einem Drink einladen.

Ort der Inspiration

Das Pub mag ein Ort des einfachen Vergnügens sein, doch mitunter ist es für Geistesgrößen Refugium und Ort der Inspiration: Das „Dove Inn" im Stadtteil Hammersmith zählte Graham Greene und Ernest Hemingway zu seinen Kunden; im „French House" in Soho waren Dylan Thomas und Brendan Behan Stammgäste. Übrigens, Doris Lessing berichtet, wie sie tatsächlich mit ihrer Freundin im Pub auf einen feinen Herrn trifft. „‚Endlich', sagten wir, ‚lernen wir einen Engländer kennen.' Er richtete sich auf. Plötzlich blitzten seine sanften blauen Augen. ‚Ich bin kein Engländer', erklärte er mit unverhüllter, aber im Grunde nachsichtiger Arroganz, ‚meine Großmutter kommt aus Wales.'"

Links: „The Salisbury Pub" an der St Martin's Lane. Der Gentleman auf dem Schild ist der 3. Marquess of Salisbury, dreimal Premierminister zwischen 1885 und 1902.

Oben: Im Salisbury Pub. Sein stilvolles Interieur war schon Drehort mehrerer Filme.

🔊 **Rechts oben:**
Das „Angel & Crown"
zwischen Strand und
Covent Garden.
Im 1. Stock befindet
sich ein Restaurant.

🔊 **Rechts Mitte:**
„The George" liegt direkt
gegenüber den Royal
Courts of Justice. Das
Fachwerk im Tudor-Stil
stammt allerdings aus
viktorianischer Zeit.

🔊 **Rechts:**
Das „Ye Olde London"
Pub an No. 42 Ludgate Hill
in der Nähe von Old Bailey.

SOUTH AFRICA LANDSCAPE
KEW AT THE BRITISH MUSEUM

A HISTORY OF THE WORLD IN 100 OBJECTS

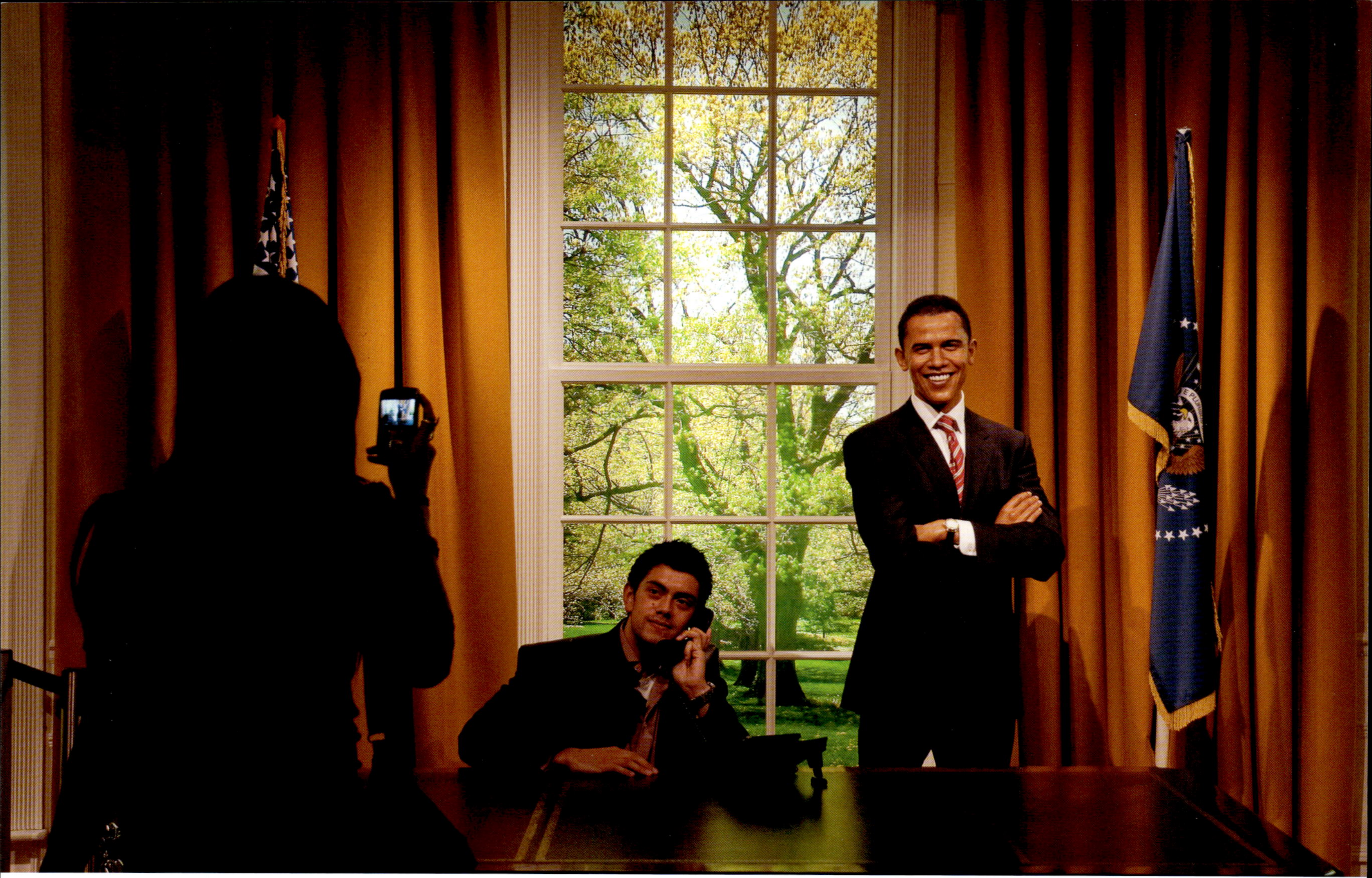

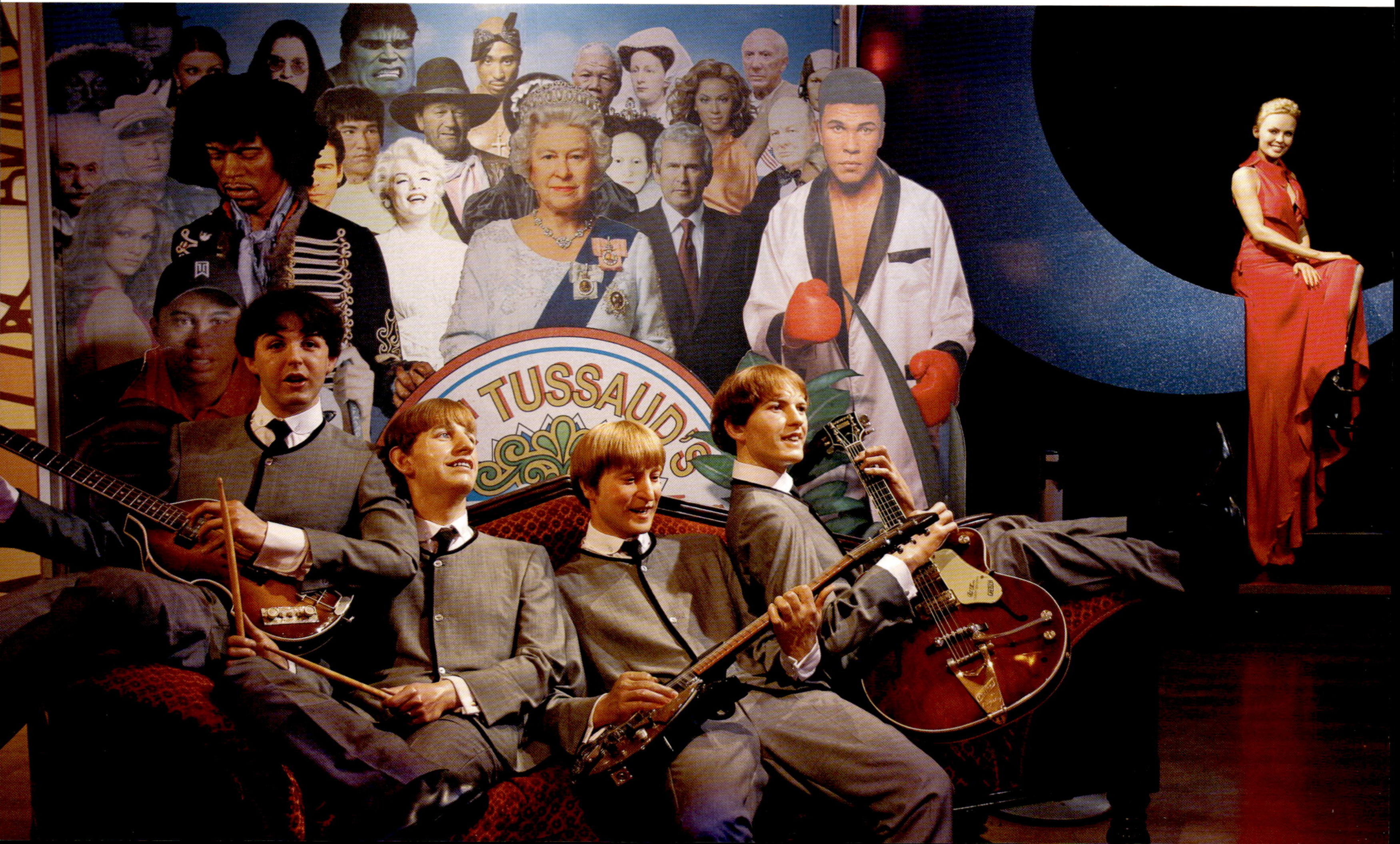
TUSSAUD'S

Seite 98/99:
Das Britische Museum dokumentiert mit rund sechs Millionen Objekten die gesamte Kulturgeschichte der Menschheit seit der Frühgeschichte. Die Planung des mit 1656 Paar Glasplatten überdachten „Great Court", der den Lesesaal der ehemaligen British Library umgibt, erfolgte durch Lord Norman Foster. Er ist mit 7100 Quadratmetern Hoffläche der größte überdachte öffentliche Platz in Europa.

Ein Besuch in Madame Tussauds Wachsfigurenkabinett ist bei einem London-Besuch einfach ein „Muss"! Das Museum stellt seit seiner Gründung 1835 lebensnah nachempfundene Wachsfiguren von historischen Personen oder von Berühmtheiten der aktuellen Zeitgeschichte aus. Ob US-Präsident Obama, die Beatles, die „Royals" oder der Lieblingsstar – sie alle halten geduldig still für einen Schnappschuss.

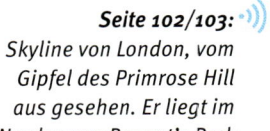

Seite 102/103:
Skyline von London, vom Gipfel des Primrose Hill aus gesehen. Er liegt im Norden von Regent's Park und ist etwa 78 Meter hoch.

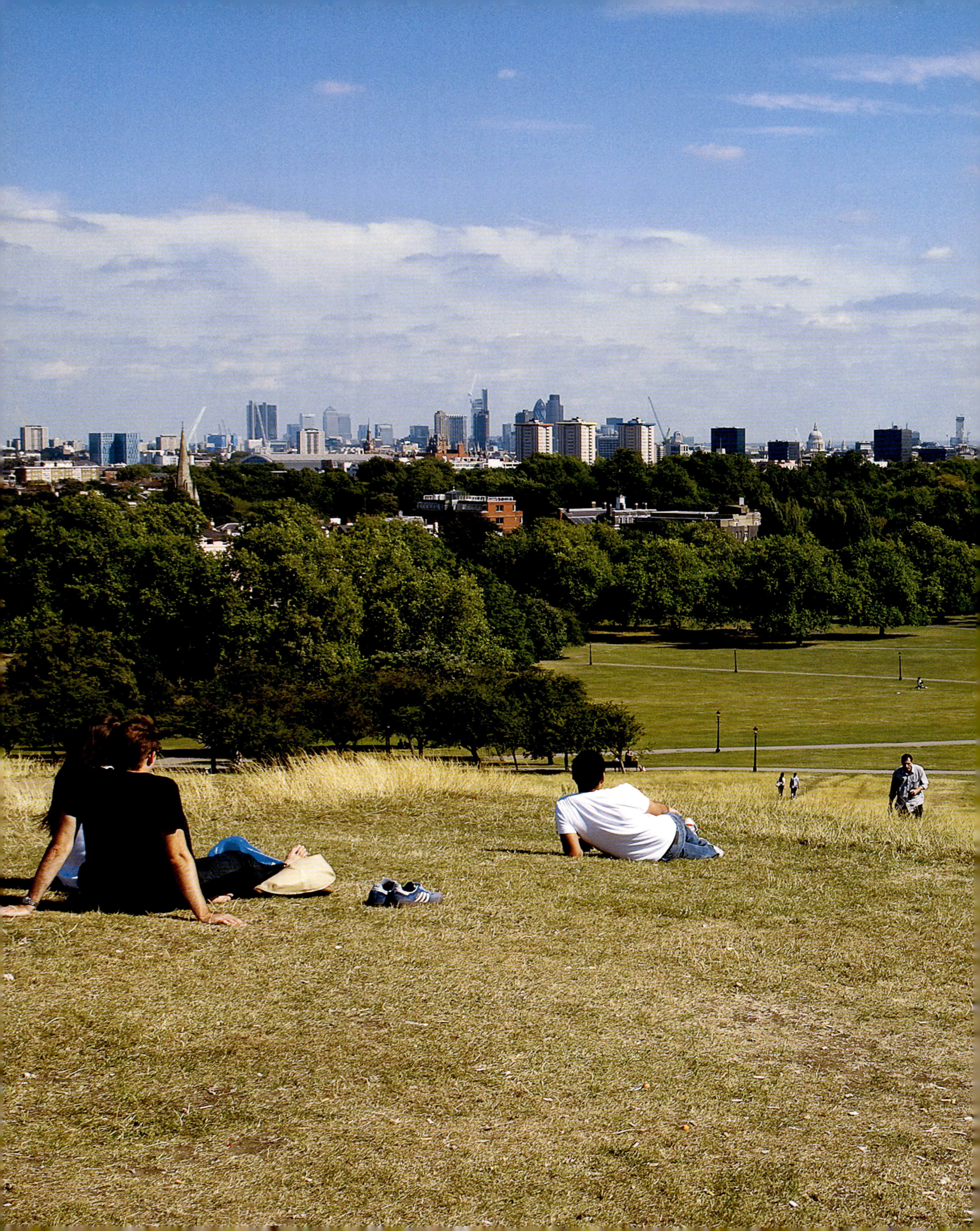

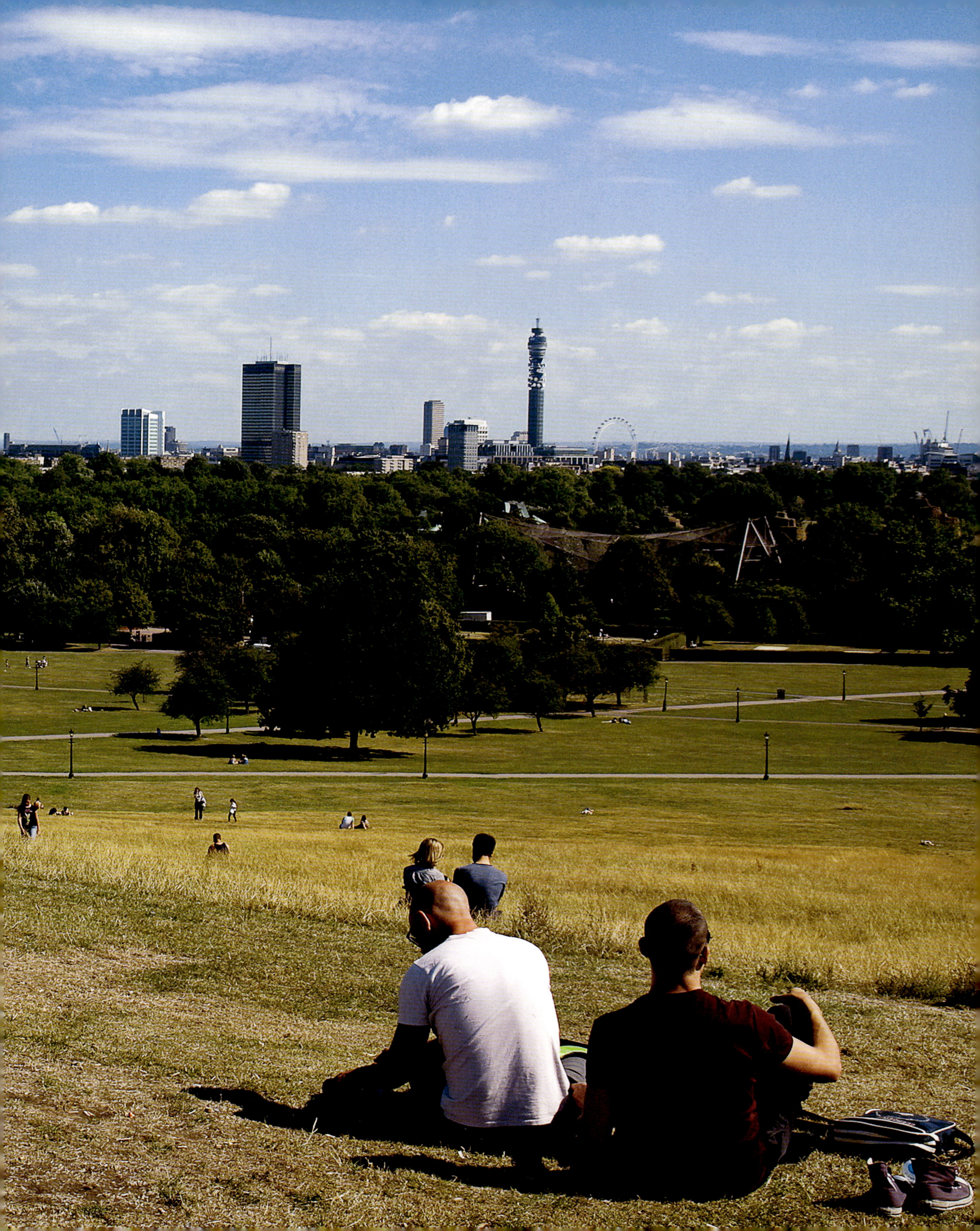

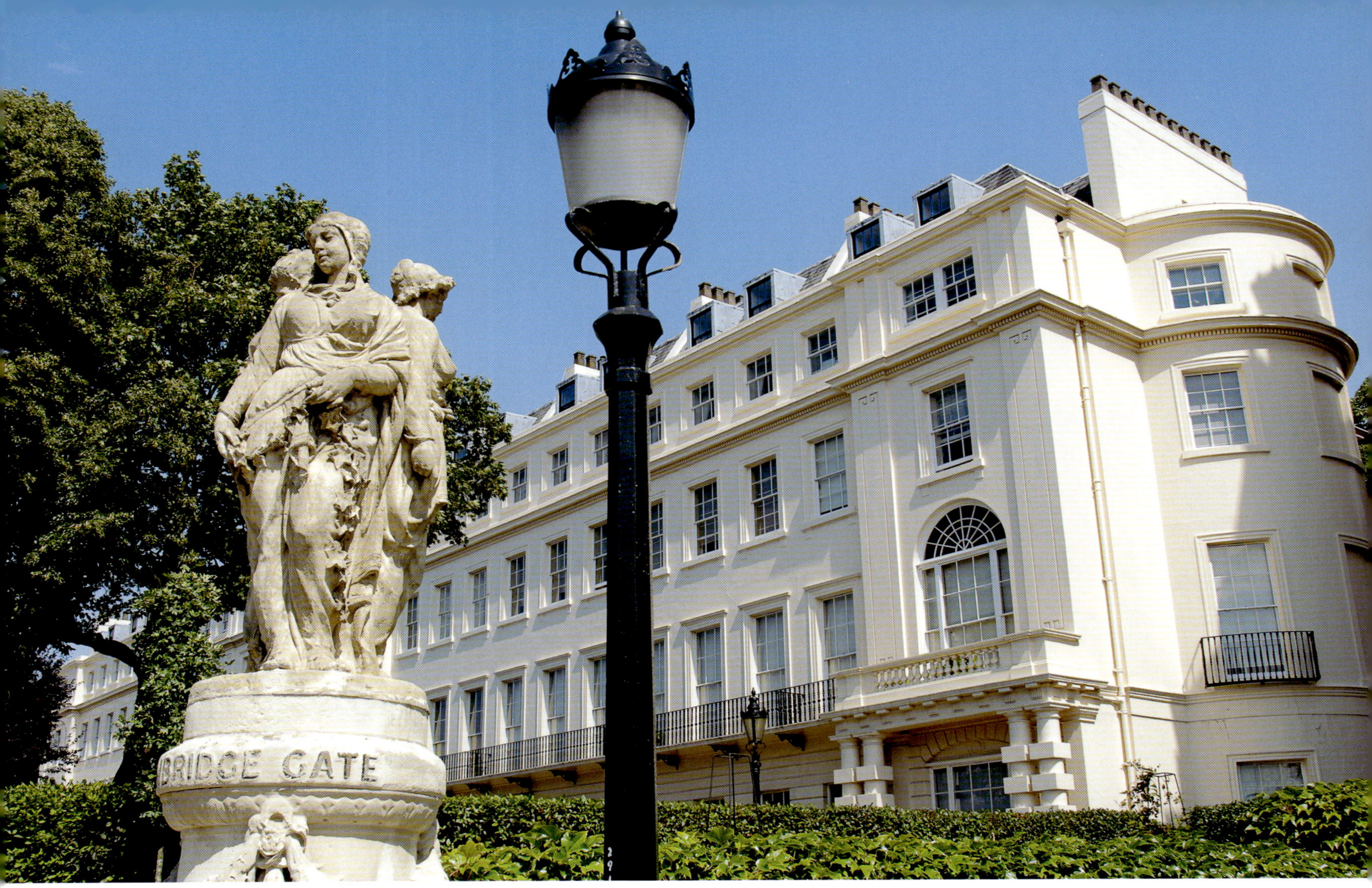
BRIDGE GATE

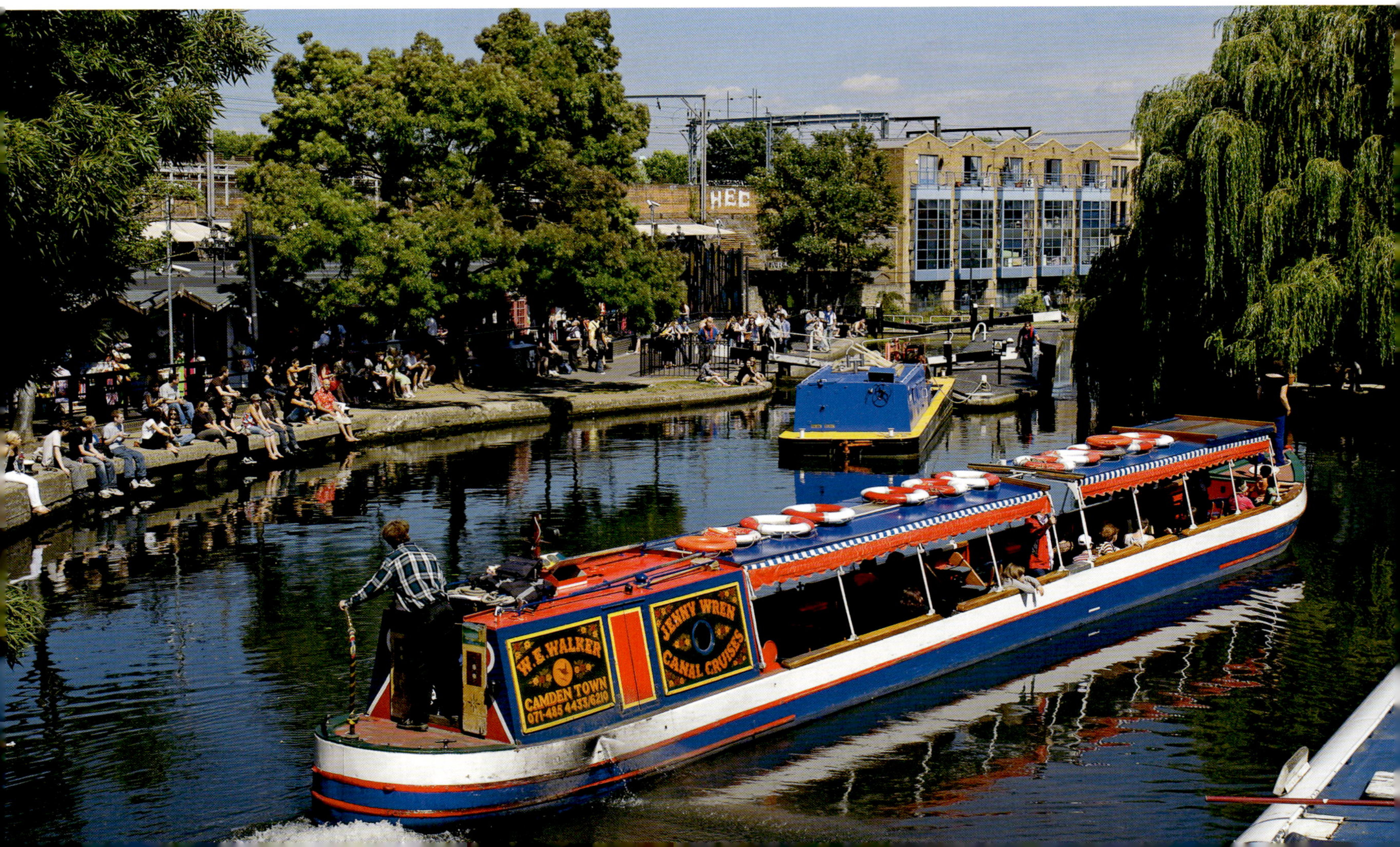
W.E. WALKER
CAMDEN TOWN
JENNY WREN
CANAL CRUISES

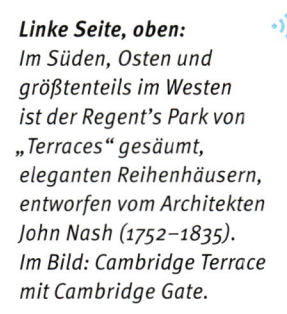

Linke Seite, oben:
Im Süden, Osten und größtenteils im Westen ist der Regent's Park von „Terraces" gesäumt, eleganten Reihenhäusern, entworfen vom Architekten John Nash (1752–1835). Im Bild: Cambridge Terrace mit Cambridge Gate.

Linke Seite, unten:
Der Regent's Canal verbindet den Grand Union Canal mit der Themse. Heute ist er ein Naherholungsgebiet mit vielen Hausbooten.

Diese Seite:
Impressionen vom Camden Lock Market. An der Schleuse von Camden hat sich seit den siebziger Jahren der Camden Lock Market etabliert, mit Lädchen, Bars und Clubs.

Seite 106/107:
Der Camden Lock Market ist Szenetreff und Touristenattraktion in einem. Er wird pro Woche von rund 500 000 Menschen besucht.

Levi's
COLD STEEL
Dr. Air Wair Martens
WITH BOUNCING SOLES
Cold Steel
Body piercing
NEW YORK
PIERCING & TATTOO
HANDBAGS NOW ON SALE
PIERCING &
BEST BODY

Tattoo

MOUNTAIN OF JEANS

Fantasy Hair UK · Wholesale & Retail · Hair Extension & Training · Tel/Fax: 020 7267 9358

Dr. Martens Air Wair

230

MONEY EXCHANGE BUREAU DE CHANGE

9 Pieces set
Clip in Hair Extensions
Instant volume & length

HS Hair Salon
BODYPIERCER
Henna Tattoo

LEATHER JACKET

🔊 Spitalfields ist ein Stadtteil im östlichen Stadtbezirk Tower Hamlets. Seit dem 17. Jahrhundert gab es hier einen Obst- und Gemüsemarkt, „Old Spitalfields Market". 1991 zog er als „New Spitalfields Market" nach Leyton um, wurde aber an seiner Ursprungsstätte als sonntäglicher Krämer- und Flohmarkt wiederbelebt.

Oben:
Der Sonntagsmarkt in der Petticoat Lane im Stadtteil East End bietet fast alles, von Obst und Gemüse über Textilien bis zu Antiquitäten und Schmuck.

Links:
Auf dem sonntäglichen Columbia Road Flower Market im Stadtbezirk Tower Hamlets lacht das Herz des Hobbygärtners! Und nebenbei erlebt er auch noch die Kultur eines Stadtteils.

Oben:
Straßenverkauf und Bäckerei an der Ezra Street im Stadtbezirk Tower Hamlets. Heute prägen hauptsächlich Einwanderer aus Indien, Pakistan und Bangladesch das Gesicht dieses traditionellen Arbeiterviertels.

Rechts:
Wer weiß, vielleicht lässt sich hier an der Brick Lane in Tower Hamlets ein Schnäppchen machen, oder wenigstens ein Schwätzchen halten?

Links:
Die Brick Lane im Herzen von „Banglatown" ist für ihre zahlreichen Curry Houses bekannt. Sogar die Straßenschilder sind hier zweisprachig – Englisch und Bengali. Exotisch wirkt dagegen dieses syrische Restaurant!

Unten:
„Der Teufel trägt Prada" – so der Titel einer Filmkomödie –, „das Volk Turnschuhe für fünf Pfund". Und gleich um die Ecke sorgen Graffiti für Buntheit. An beidem geht man nicht gleichgültig vorüber.

Oben:
Keine Weltraumstation, sondern futuristische Rolltreppen in der Station Canary Wharf, einer U-Bahnstation der Jubilee Line von Lord Norman Foster. Die Docklands sind das ehemalige Hafengebiet von London. Am Canary Wharf wurde der Seehandel mit den Kanarischen Inseln abgewickelt.

Rechts:
Am Ausgang Nash Place der Station Canary Wharf fallen einem sechs genau gehende Uhren mit leicht unterschiedlichen Zifferblättern auf (vier davon im Bild). Es handelt sich um die Skulptur „Six Public Clocks" des Designers Konstantin Grcic.

Links:
Autofahrers Alptraum? – Nein, zeitgenössische Kunst! Der Verkehrsampelbaum „The Traffic Light Tree" beim Canary Wharf Tower besteht aus 75 funktionierenden Verkehrsampeln. Geschaffen hat die Skulptur Pierre Vivant 1998.

Unten:
Canary Wharf mit – von links nach rechts – den Gebäuden 20 Cabot Square, 1 Canada Square, 20 Bank Street und dahinter 25 Bank Street, gesehen vom Marsh Wall South Quay aus. Canary Wharf bietet nebenbei auch eine öffentliche Dauerausstellung zeitgenössischer Kunst.

Rechts:
Blick von den Docklands nach Norden auf die City of London; in der Bildmitte der Swiss Re Tower.

Links:
Blick über die Themse nach Westen auf die Docklands. Im ehemaligen Columbia Wharf-Hafengebäude befindet sich heute ein Nobelhotel.

Südlich der Themse

Die City Hall ist das heutige Rathaus von London. Sie steht im Stadtteil Southwark am Südufer der Themse, dicht bei der Tower Bridge. Entworfen wurde das Gebäude von Lord Norman Foster.

Eine der jüngsten Sehenswürdigkeiten Londons ist die vom Stararchitekten Lord Norman Foster entworfene City Hall, Rathaus und Sitz des Bürgermeisters von Greater London, deren Form an eine verrutschte Torte erinnert. Seit 1997 werden auf der Freilichtbühne des originalgetreu restaurierten „Globe Theatre" wieder die Stücke Shakespeares gespielt. Das „London Eye" am Südufer der Themse war bis 2006 der Welt größtes Riesenrad, dann baute man ein größeres in China. Von den vollklimatisierten, fast ganz aus Glas bestehenden Kabinen des „Millennium Wheel" kann man bei optimalen Sichtverhältnissen bis zum Schloss Windsor sehen.

Stromaufwärts der Houses of Parliament befindet sich der aus dem Mittelalter stammende Lambeth Palace, die Londoner Residenz des Erzbischofs von Canterbury. Zahlreiche Museen lohnen einen Besuch: Das Imperial War Museum befasst sich mit Geschichte und Gegenwart des Krieges, die Tate Gallery of Modern Art präsentiert Werke der klassischen Moderne von van Gogh bis Andy Warhol. Nicht nur durch die Exponate, sondern auch durch die Art der Präsentation faszinieren das Museum für Design und das Fashion and Textile Museum. Ein Museum ehrt auch die „Lady mit der Lampe", Florence Nightingale, die Pionierin der modernen Krankenpflege.

Einige Kilometer themseabwärts liegt das Royal Greenwich Observatory, durch das der Nullmeridian verläuft. Es gehört zum UNESCO-Weltkulturerbe. Freunde der Seefahrt kommen im National Maritime Museum Greenwich auf ihre Kosten. Der ungeliebte Entertainment-Komplex „Millennium Dome", heute offiziell „The O2" genannt, wurde zur Sportarena für die Sommerolympiade 2012 umgebaut.

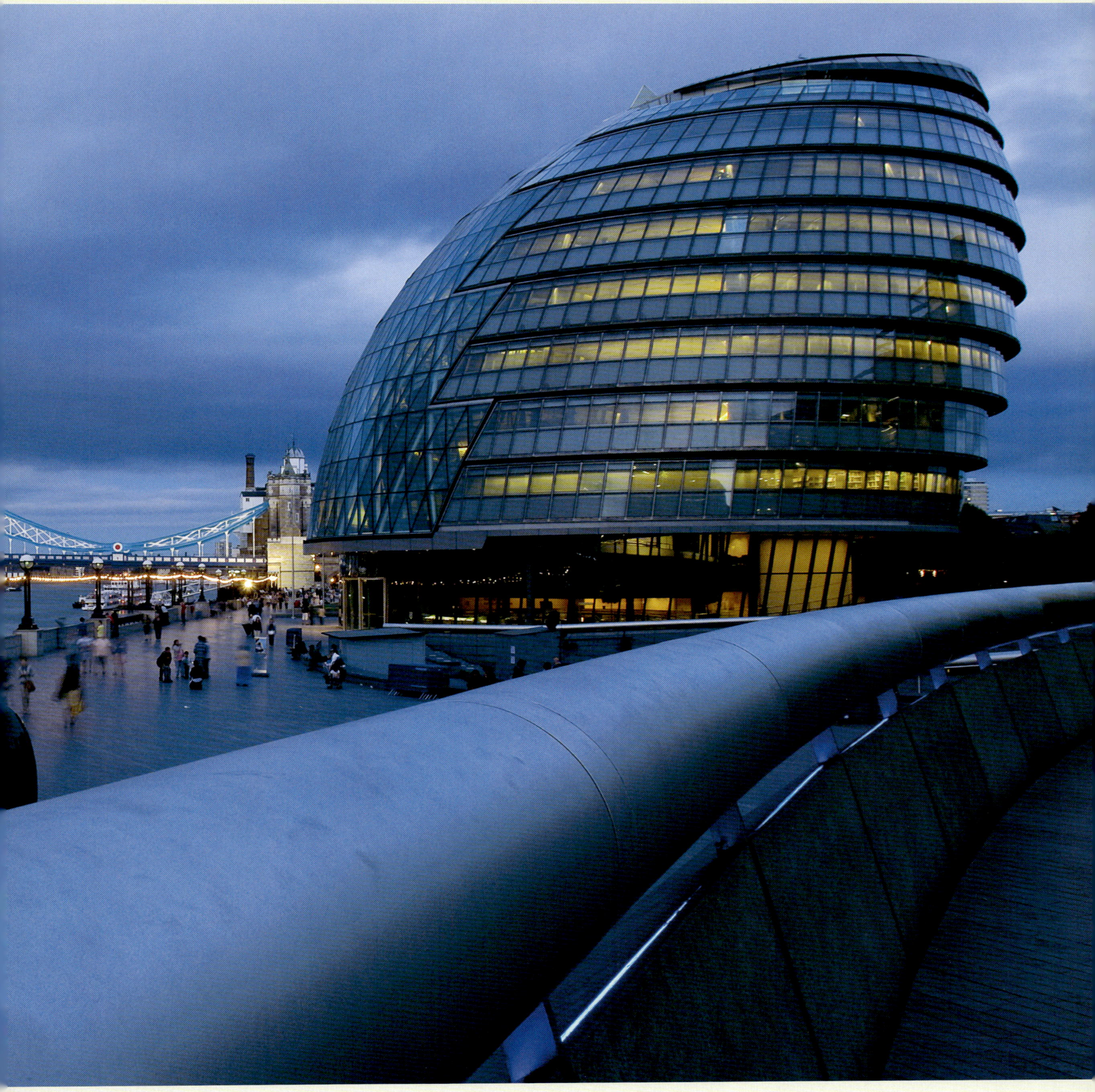

🔊 Aufgrund ihrer Form wurde die City Hall schon mit zahlreichen Gegenständen verglichen, vom hartgekochten Ei in Scheiben über die verrutschte Torte bis zum Motorradhelm.

🔊 Die City of London, auch „The Square Mile", „Quadratmeile", genannt, ist eines der Finanzzentren der Welt. Ein unverwechselbares Wahrzeichen ist der Swiss Re Tower.

🔊 **Rechte Seite:** „More London" heißt ein Neubaugebiet am Südufer der Themse. Entworfen wurden die futuristisch anmutenden Gebäude vom Architekturbüro Foster + Partners. Im Hintergrund Tower Bridge und City Hall.

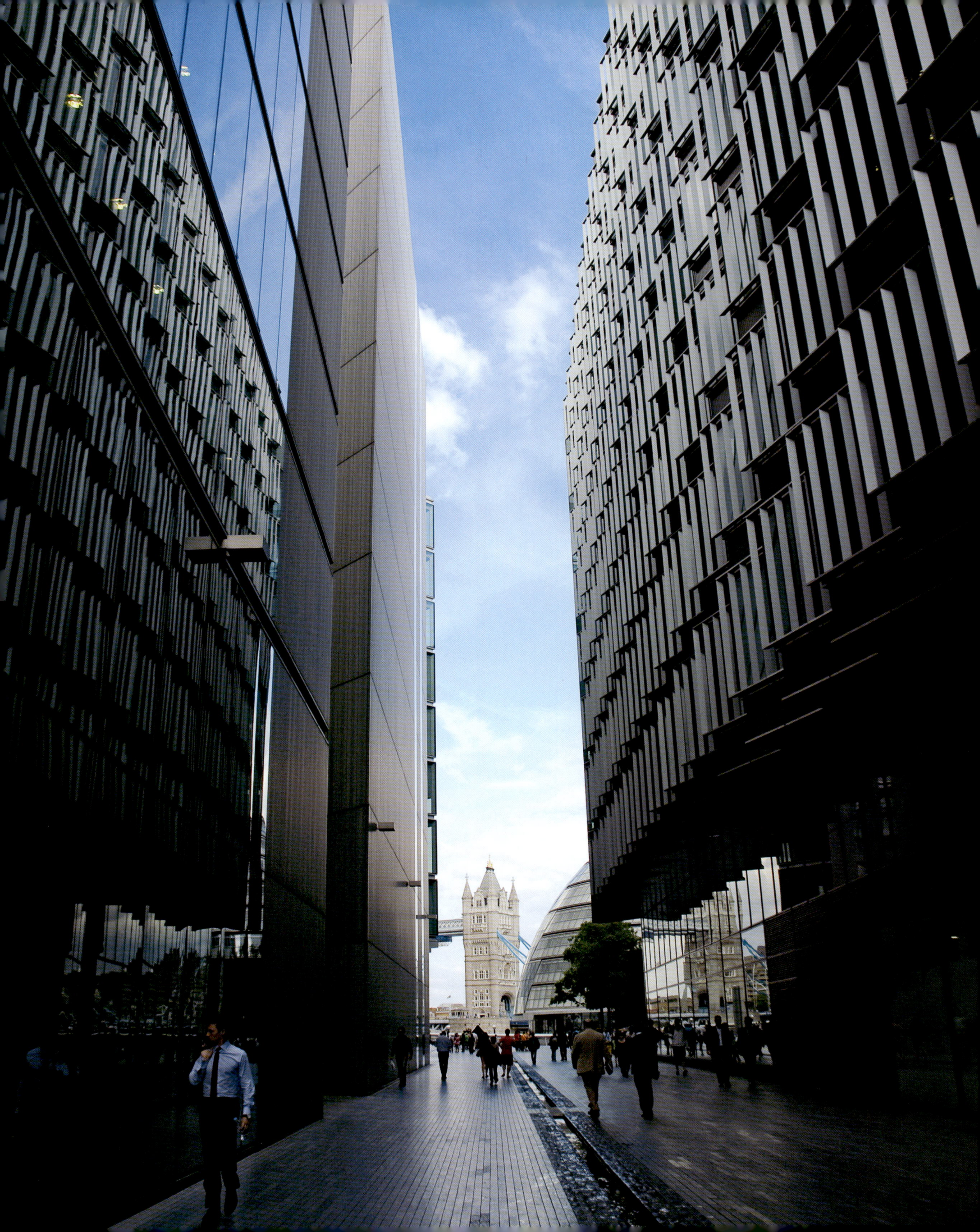

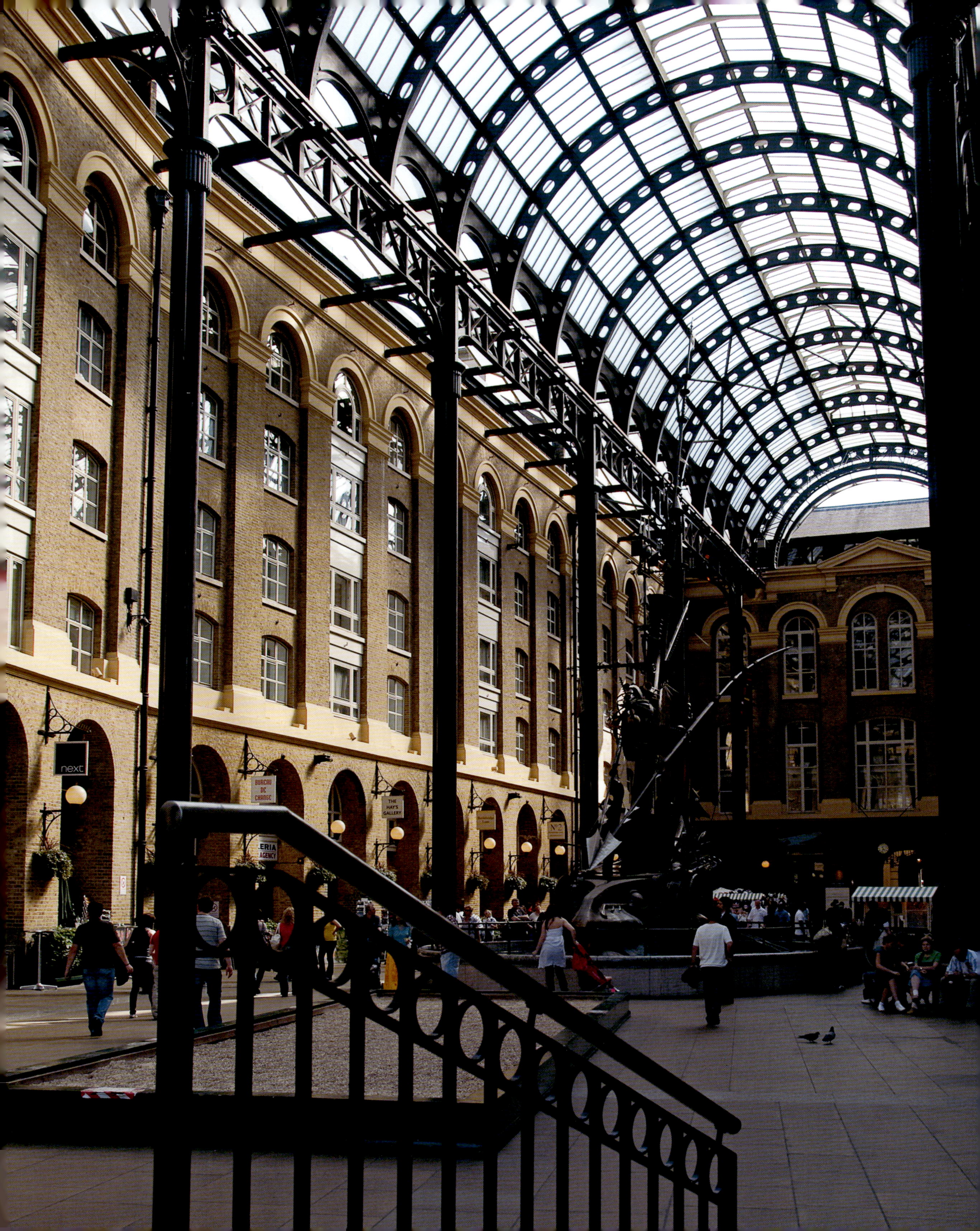
next

Linke Seite:
The Hay's Galleria am Südufer der Themse entstand 1987 im Zuge der Wiederbelebung der Docklands. Das ehemalige Dock wurde mit einem Dach aus Stahl und Glas überwölbt. Restaurants und Geschäfte machen die Galleria zu einer Touristenattraktion. Davor ankert in der Themse das Museumsschiff HMS Belfast.

Der Borough Market in Southwark ist einer der größten Lebensmittelmärkte in London. Hier gibt es auch Spezialitäten aus aller Welt, von den Austern bis zu deutscher Wurst, Fleischkäse oder Sauerkraut.

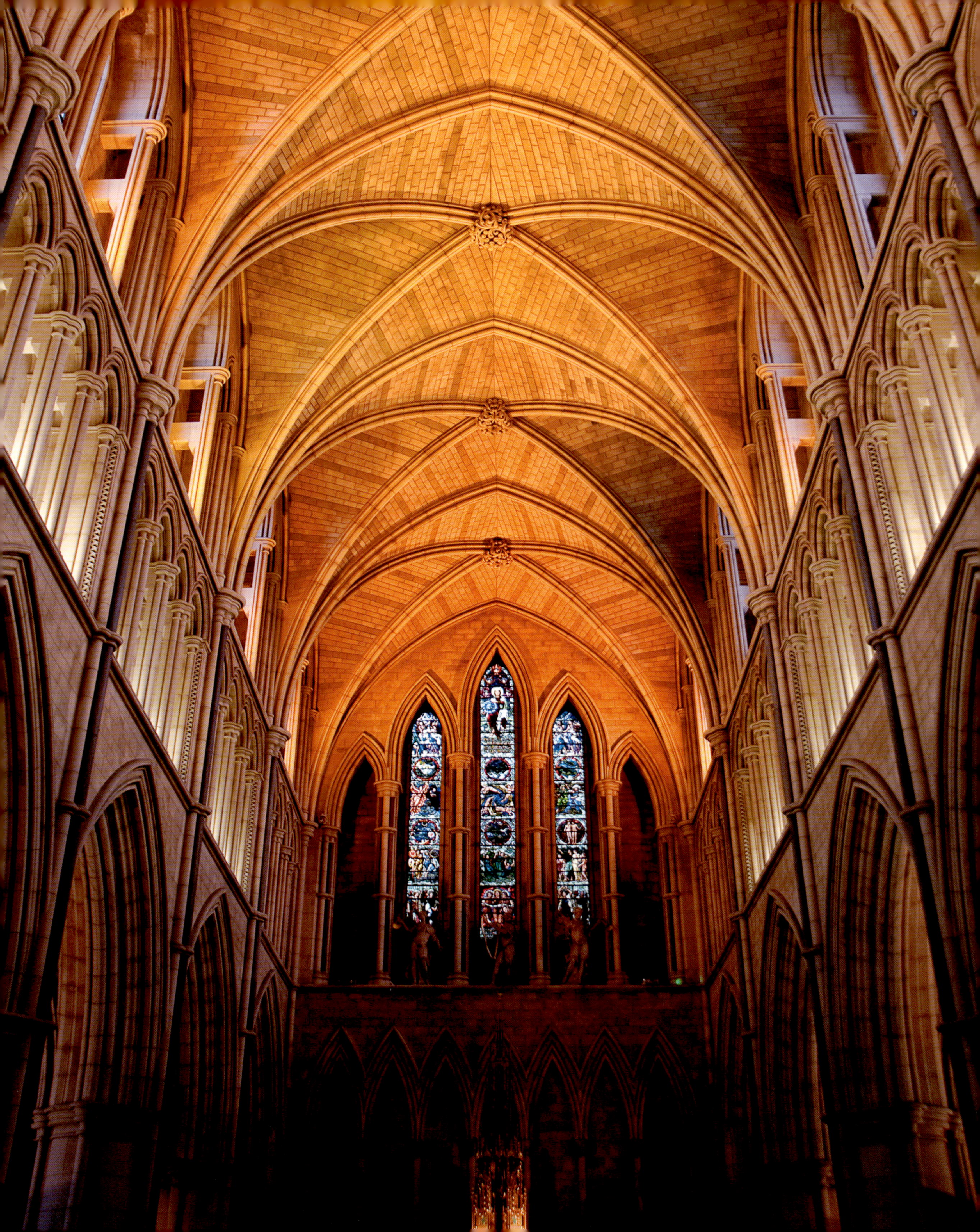

Linke Seite:
Die gotische Southwark Cathedral liegt am Südufer der Themse in der Nähe der London Bridge. Sie stammt aus der Zeit von 1220 bis 1420. 1895 entwarf der Architekt Sir Arthur Blomfield ein neues Kirchenschiff; seit 1905 ist das Gotteshaus Kathedrale.

Sehenswert sind insbesondere die Buntglasfenster von Christopher Ratherne Webb (1886–1966). Drei davon sind Charakteren aus dem Werk Shakespeares gewidmet: Romeo und Julia, Othello, Falstaff...

Darunter das Denkmal für den Poeten selbst: Unweit des Originalstandorts seines Globe Theatre zeigt diese Alabasterfigur von 1912 Englands größten Dichter ausgestreckt vor einer Reliefdarstellung des elisabethanischen Southwark. Sein Bruder Edmund liegt hier begraben.

Weltberühmter Meisterdetektiv – Sherlock Holmes

Zu den berühmtesten Adressen in London zählt zweifellos nicht nur „10 Downing Street", die offizielle Residenz des Premierministers, sondern auch „221b Baker Street". Hier wohnte einst der weltberühmte Meisterdetektiv Sherlock Holmes – auch wenn es diese Hausnummer zu seinen Lebzeiten noch gar nicht gab! Sein unverkennbares Profil mit Mütze und Pfeife begrüßt die Besucher schon an der Wand der U-Bahn-Station Baker Street und lädt sie ein, das Museum in seiner Wohnung zu besuchen.

Arthur Conan Doyle, Sherlocks literarischer Vater, wurde 1859 in Edinburgh geboren. Er studierte Medizin und praktizierte zunächst als Arzt, unternahm aber in seiner Freizeit auch erste schriftstellerische Versuche. 1887, mit 28 Jahren, veröffentlicht er die erste Geschichte um Sherlock Holmes und dessen Freund, den Arzt Dr. Watson: „Eine Studie in Scharlachrot". Die Illustrationen dazu steuert Doyles Vater bei, der bildende Künstler Charles A. Doyle. 1890 erscheint der zweite Roman: „Das Zeichen der Vier". Darauf folgen zwölf Kurzgeschichten, die in der Zeitschrift „The Strand" veröffentlicht werden, und 1892 in dem Sammelband „Die Abenteuer des Sherlock Holmes" zusammengefasst werden.

Neue Ära des Kriminalromans

Der exzentrische Privatdetektiv begründet eine neue Ära des Kriminalromans, nachdem im viktorianischen Schauerroman noch das Mysteriöse und Grauenerregende geherrscht hatte. Sherlock zieht seine Schlüsse aus den scheinbar unwesentlichsten Indizien und löst seine Fälle mit analytisch-rationalem Denken und wissenschaftlichen Methoden – nicht selten in seinem eigenen Chemielabor in einer Ecke seines Wohnzimmers. Er ist drogensüchtig – er injiziert sich dreimal täglich Kokain – und spielt Violine. An seiner Ausrüstung – dem karierten Inverness-Mantel, der Deerstalker-Mütze und der gebogenen Tabakspfeife – erkennt ihn bald jedes Kind.

Die Geschichten werden ein großer kommerzieller Erfolg. Schon ab 1891 kann Doyle seinen Lebensunterhalt ganz durch die Schriftstellerei bestreiten. 1893 beschließt er, seinen berühmtesten Helden sterben zu lassen, um sich auf historische Romane konzentrieren zu können – mit denen er allerdings weniger Erfolg haben wird. An den Reichenbachfällen bei Meiringen im Berner Oberland kommt es zu einem Zweikampf zwischen Holmes und seinem Erzfeind Professor Moriarty. Sterbliche Überreste der beiden sind nicht auffindbar. Zufrieden vermerkt Doyle in seinem Tagebuch: „Killed Holmes" – „Holmes umgebracht". Von wegen! Nach Sherlocks Tod kündigen zwanzigtausend Leser des „Strand" ihr Abonnement. Holmes-Fans tragen öffentlich Trauerflor und fordern die Auferstehung des Meisterdetektivs. 1902 wird Doyle geadelt – nicht für sein literarisches Schaffen, sondern für seine Teilnahme am Burenkrieg.

Der Hund der Baskervilles

Eine alte Gruselgeschichte aus dem Dartmoor inspiriert Sir Arthur, einen Roman um einen Geisterhund zu schreiben. Um die mysteriösen Vorgänge aufzuklären, braucht es einen Meisterdetektiv. Doyle behilft sich mit dem Kniff, die Geschichte vom „Hund der Baskervilles" in der Zeit vor Sherlocks Tod spielen zu lassen. Sie erscheint 1901 als Fortsetzungsroman in „The Strand". Dieser dritte Holmes-Roman wird ein so großer Erfolg, dass Doyle seinen Helden auferstehen lassen muss: Nun stellt sich heraus, dass Holmes den Zweikampf in der Schweiz überlebt und sich seither verborgen gehalten hat, um Professor Moriartys Komplizen das Handwerk zu legen.

Bis 1927 schreibt Doyle noch einen vierten Holmes-Roman, „Das Tal der Angst", und zahlreiche Holmes-Erzählungen – insgesamt werden es 56 –, außerdem Theaterstücke und Essays um Sherlock sowie historische Romane. Auch sein zweiter Serienheld, Professor Challenger, wird sehr populär. Um 1920 gehört Doyle zu den am besten bezahlten Schriftstellern der Welt. Die Sherlock-Holmes-Geschichten werden in über fünfzig Sprachen übersetzt. 1927 setzt sich Sherlock endgültig zur Ruhe, um, wie Doyle zu berichten weiß, „in Sussex Bienen zu züchten". Sir Arthur stirbt 1930 im Familienkreis an einem Herzinfarkt. Dass Sherlock Holmes gestorben ist, ist jedoch völlig ausgeschlossen, meinen seine Bewunderer. Der Beweis: Es gab nie eine Todesanzeige für ihn in der „Times"!

Links:
Ist er's wirklich? Mütze – Mantel – Tabakspfeife – alles stimmt, und gestorben sein kann er auch nicht – also, wer sollte es sonst sein?

Oben:
In Sherlocks Wohnzimmer. Er kommt gewiss gleich wieder, ist nur kurz nach nebenan gegangen!

🔊 **Rechts oben:**
Ein Bobby schützt die Wohnung des Meisterdetektivs in der Baker Street im Stadtteil Paddington vor allzu großem Besucheransturm.

🔊 **Rechts Mitte:**
Viele Fälle löst Mr Holmes mit wissenschaftlichen Methoden hier im kreativen Chaos seines eigenen Chemielabors.

🔊 **Rechts:**
Cheers, Mr Holmes! In diesem Pub an der Northumberland Street gibt es sogar ein „Sherlock Holmes Ale".

Die „Golden Hinde" („Goldene Hirschkuh") war das Flaggschiff von Sir Francis Drake, der als erster Engländer zwischen 1577 und 1580 die Welt umsegelte. Ein Nachbau liegt in einem Schwimmdock an der Themse in Southwark.

Das rekonstruierte Globe Theatre befindet sich etwa 230 Meter entfernt vom Originalstandort. Es wurde auf Initiative des amerikanisch-britischen Schauspielers Sam Wanamaker (1919–1993) erbaut und 1997 eröffnet. Wie das Original besitzt es ein Strohdach.

Die Tate Gallery of Modern Art, kurz „Tate Modern", hat ihren Sitz in einem umgebauten Kohlekraftwerk, der früheren Bankside Power Station, am Themseufer im Stadtteil Southwark.

Die Turbinenhalle des ehemaligen Kraftwerks bildet heute die Eingangshalle der Tate Modern. Sie bietet genug Raum für Sonderausstellungen und große Einzelobjekte.

Seite 128/129: Das Royal National Theatre an der Waterloo Bridge direkt an der Themse entstand zwischen 1967 und 1976 nach Entwürfen von Denys Lasdun. Die Sichtbeton-Architektur war Gegenstand öffentlicher Kontroversen.

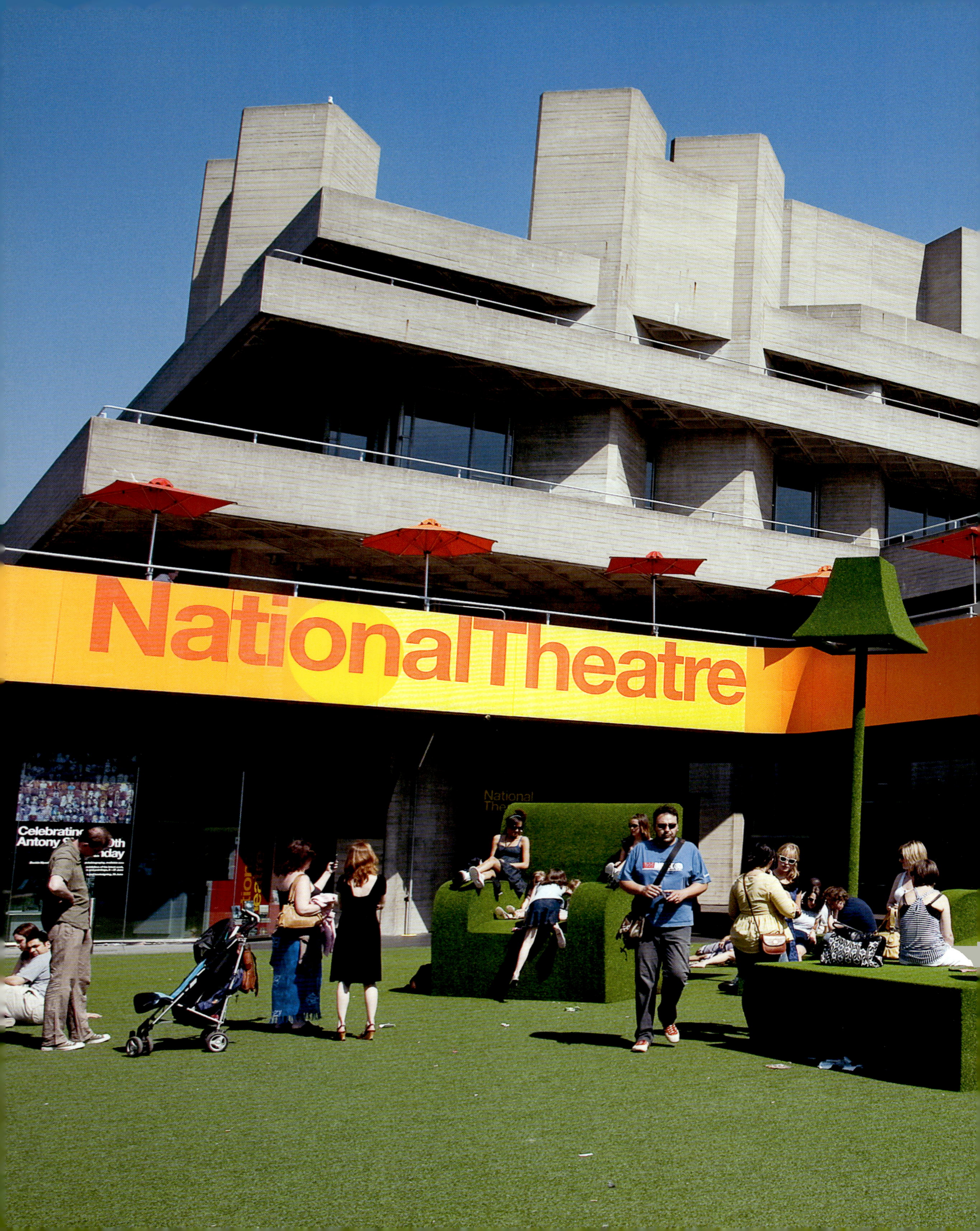
NationalTheatre
National

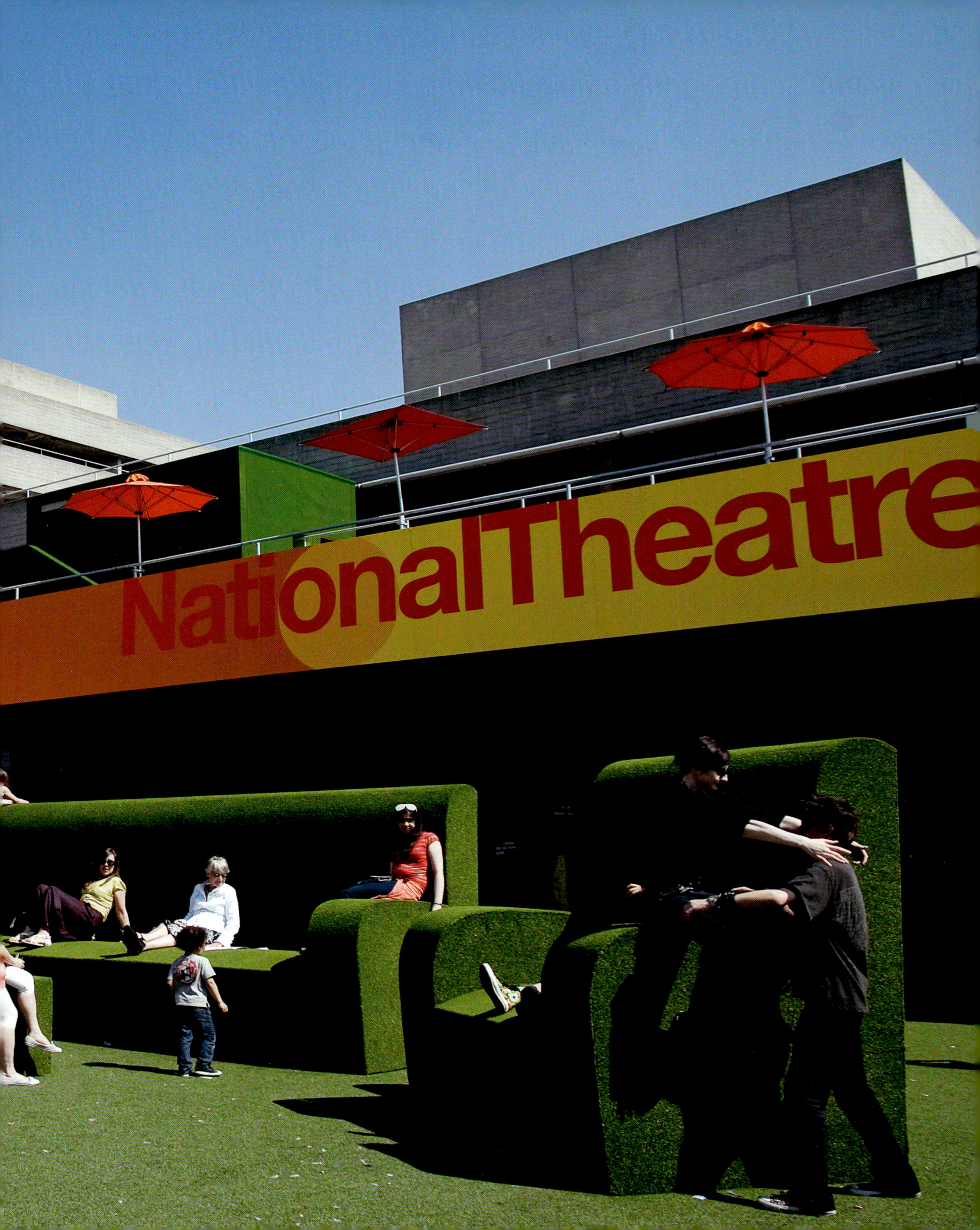
NationalTheatre

Das „London Eye", auch „Millennium Wheel" genannt, aus ungewohnter Perspektive: im Vordergrund das Denkmal für Peter Koorevaar (1941–2003), den technischen Direktor und Chefingenieur.

Rechte Seite: Das „London Eye" im Abendrot. Das mit 135 Metern derzeit höchste Riesenrad Europas besitzt 32 vollklimatisierte Glasgondeln für jeweils bis zu 25 Personen.

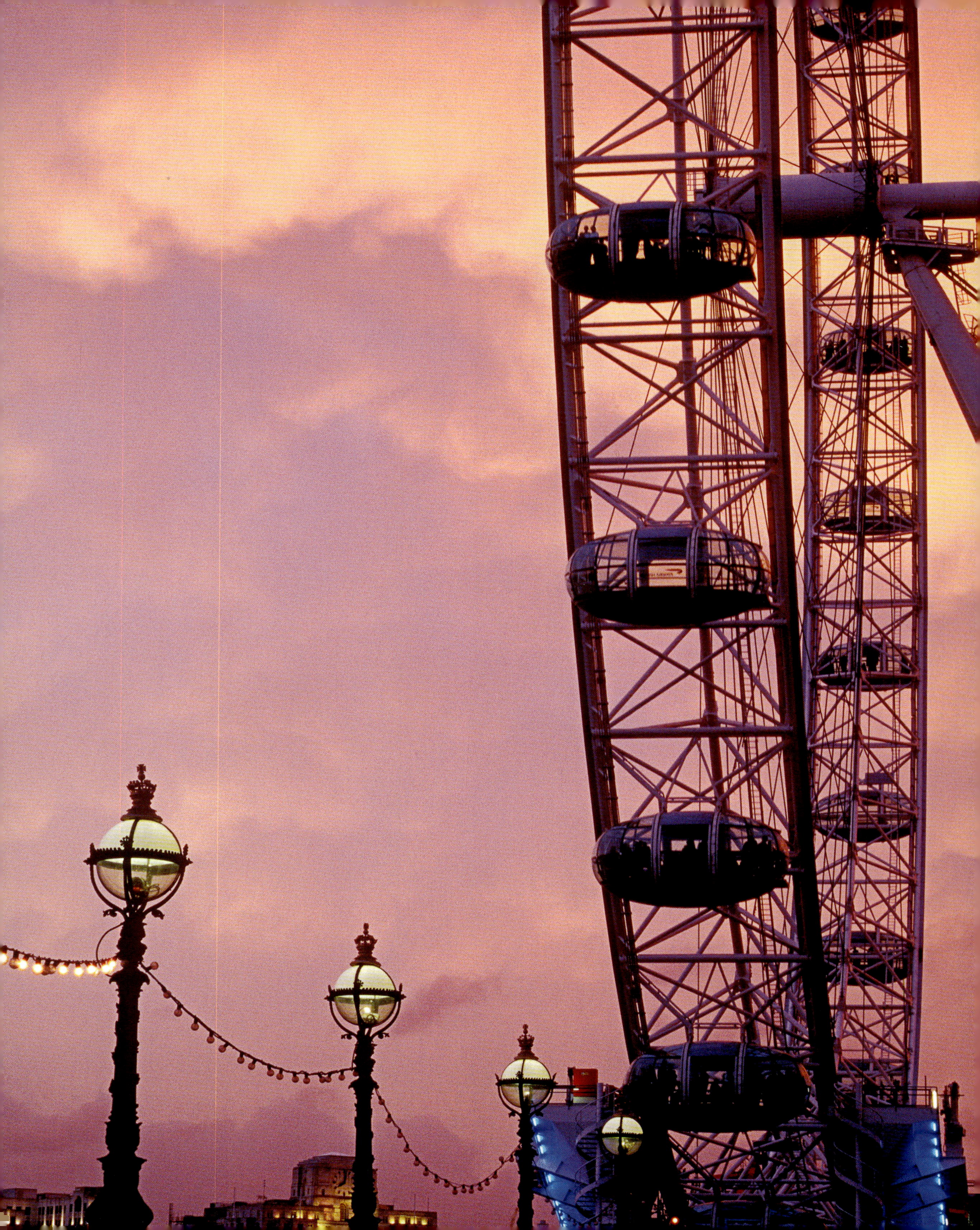

Links:
Die Battersea Power Station ist ein Kohlekraftwerk, das von 1933 bis 1983 in Betrieb war. In letzter Zeit diente es als Veranstaltungsort für Shows und Konzerte. Seine Zukunft ist noch ungewiss.

Links Mitte:
Bis 2005 hieß dieses Bauwerk „Millennium Dome" (Jahrtausend-Kuppel), zurzeit „The O2". Mit 320 Metern Durchmesser und 50 Metern Höhe ist es der größte Kuppelbau der Welt. Inzwischen dient es als Sportarena.

Links unten:
Butler's Wharf, 1871 bis 1873 am Südufer der Themse erbaut, war einmal das größte Teelagerhaus der Welt. Seit den

980er-Jahren ist der Komplex in eine Wohnanlage mit Luxusappartements, Läden und Restaurants umgewandelt worden.

Unten:
Die von Sir Christopher Wren erbaute Marineakademie, das Royal Naval College, am Südufer der Themse im Stadtbezirk Greenwich. Hier ist der Ausgangspunkt des Nullmeridians.

Register

	Textseite	Bildseite

	Textseite	Bildseite
Admiralty Arch		42, 43
Bank of England		85
Big Ben	12, 26	11, 13, 27, 29, 31
Bond Street	19	56
Borough Market		121
Brick Lane	20	110, 111
British Museum	20, 64, 78	98, 99
Buckingham Palace	12, 38	8, 9, 36–39
Burlington House		61
Butler's Wharf		132
Camden Lock Market	20	105–107
Canary Wharf		112, 113
Christie's	19	
City Hall	116	117–119
Covent Garden	20	22, 23, 55
College of Arms		91
Docklands	78	112–115
Empire Theatre		52
Garrik Theatre		53
Globe Theatre	116	14, 126
Guildhall	78	80
Hampton Court Palace/Park		73
Harrods	19	62, 63
Hay's Galleria		120
Haymarket		46, 47
Her Majesty's Theatre		48
Horse Guards Palace		40
Houses of Parliament	26	11, 26–31
Hyde Park		58, 59
Imperial War Museum	20, 116	
Kensington Gardens		60
Kensington Palace		68
Kew Gardens		69
Kew Palace		69
Lambeth Palace	116	
Leadenhall Market		90
Leicester Square		52, 53, 65
Lincoln's Inn Fields		95
London Bridge		16
London Eye	13, 116	10, 130, 131
London Transport Museum	64	
Madame Tussauds	20, 78	100, 101
Millennium Bridge		16, 17
Museum of London	20	
National Gallery	20, 26	20, 21, 44
Natural History Museum		66
Notting Hill		74–77
Old Bailey		91
Oxford Street	19	57
Palace of Westminster	26	11, 26–31
Petticoat Lane Market	20	109
Piccadilly Circus	12, 26	50, 51
Portobello Road	20	74, 76, 77
Regent's Park	78	102, 103
Royal Albert Hall	21	60
Royal Botanic Gardens		69
Royal Courts of Justice		95
Royal Exchange		81, 85
Royal National Theatre		128, 129
Sherlock-Holmes-Museum	124	124, 125
Sotheby's		19, 20
Southwark Cathedral		122, 123
Spitalfields Market	20	108
St James's Park		38–40
St Katharine Pier		87
St Margaret's Church		32
St Martin-in-the-Fields	26	44
St Paul's Cathedral	78	17, 78, 91–93
Swiss Re Tower		79, 84, 115, 118
Syon House		69
Tate Gallery	20, 116	127
The Mall		36, 37, 42, 43
The O2 (Millennium Dome)	116	132
Tower Bridge	12, 78	5, 24, 25, 86, 116, 119, 136
Tower of London	78	88, 89
Trafalgar Square	20, 26	6, 7, 20, 21, 44, 45
Victoria and Albert Museum	20	67
Victoria Tower	26	26, 28, 30
Waterloo Place		41
Westminster Abbey	26	27, 32, 33
Westminster Cathedral	26	35
Whitehall	26	
Windsor	116	70, 71

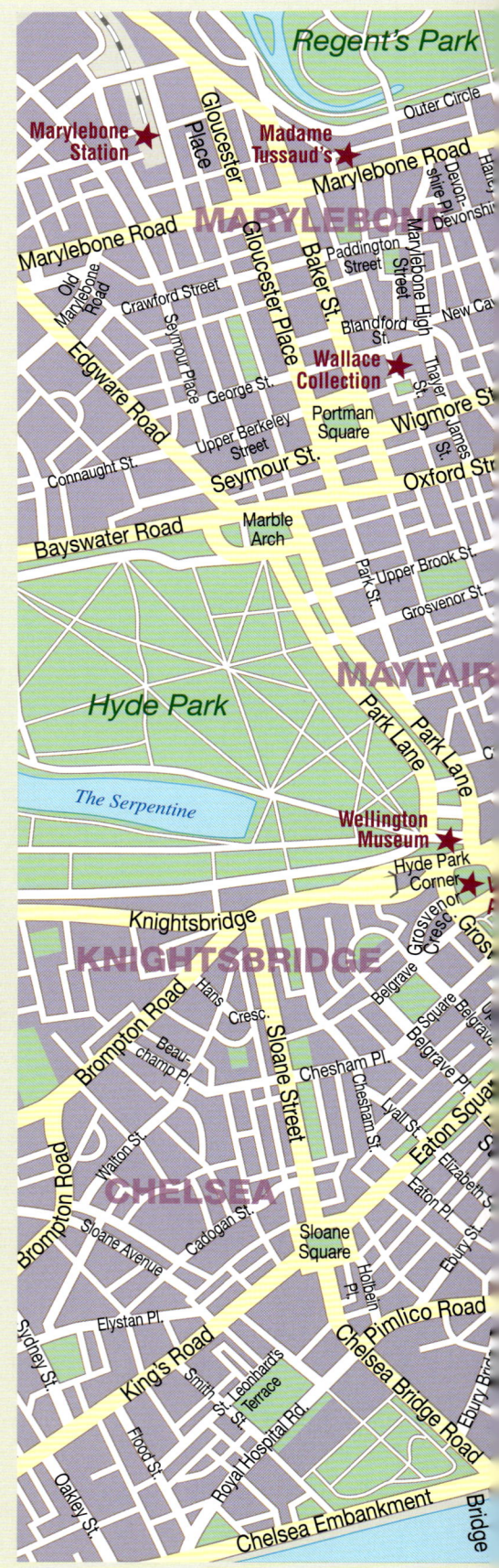

BLOOMSBURY
SPITALFIELDS
SOHO
ST. GILES
CITY
SOUTH BANK
SOUTHWARK
WESTMINSTER
LAMBETH
NEWINGTON
PIMLICO
WALWORTH
KENNINGTON
River Thames
St. James's Park
Euston Road
Gower Street
Tottenham Court Road
Upper Woburn Pl.
Bloomsbury St.
Southampton Row
Guildford St.
Great Ormond St.
Theobald's Road
Gray's Inn Road
Farringdon Road
Rosebery Ave.
Clerkenwell Road
St. John St.
Goswell Road
Old Street
City Road
Great Eastern St.
Bethnal Green Rd
Commercial St.
Shoreditch
Worship Street
Chiswell St.
Beech St.
Aldersgate Street
Moorgate
London Wall
Middlesex Street
Houndsditch
Bishopsgate
British Museum & Library
Barbican Centre
Museum of London
Liverpool Street Station
Guildhall
Bank of England
St. Paul's Cathedral
Royal Courts
High Holborn
Holborn
Holborn Viad.
Farringdon Street
Chancery Lane
Fetter Lane
Kingsway
Oxford Street
New Oxford St.
Charing Cross Road
Shaftesbury Ave.
Regent Street
Great Portland St.
Fleet Street
Ludgate Hill
New Bridge Street
Newgate
Cheapside
Poultry
Threadneedle St.
Cornhill
Leadenhall
Fenchurch St.
Aldgate
Minories
Cannon Street
Queen Victoria St.
Upper Thames St.
Lower Thames St.
Tower Hill
Eastcheap
Gracechurch St.
King William St.
Aldwych
Strand
Victoria Embankment
Royal Academy of Arts
National Gallery
Piccadilly
Piccadilly Circus
Haymarket
Trafalgar Square
Nelson's Column
Charing-cross Station
Pall Mall
St. James's Street
St. James's Palace
Horse Guards
Whitehall
Waterloo Bridge
Blackfriars Bridge
Southwark Bridge
London Bridge
Tower Bridge
The Tower of London
H.M.S. Belfast
Southwark Cathedral
MOMI
National Theatre
South Bank Centre
Stamford Street
Upper Ground
Southwark Street
Tooley Street
St. Thomas Street
Union St.
Blackfriars Road
Borough High Street
Marshalsea Road
Long Lane
Great Dover Street
Tower Bridge Road
Druid St.
Bermondsey St.
County Hall
Waterloo Station
York Road
Waterloo Road
The Cut
Westminster Bridge
Westminster Bridge Road
Parliament Square
Westminster Abbey
Houses of Parliament
Buckingham Palace
Birdcage Walk
Victoria St.
Victoria Street
Westminster Cathedral
Lambeth Palace Road
Archbishops Park
Lambeth Palace
Lambeth Bridge
Lambeth Road
Horseferry Road
Millbank
Tate Gallery
Vauxhall Bridge Road
Vauxhall Bridge
Vauxhall Station
Albert Embankment
Kennington Road
Kennington Lane
Kennington Park Road
St. George's Road
Imperial War Museum
Borough Road
London Road
Newington Butts
Newington Causeway
New Kent Road
Walworth Road
Old Kent Road
East Street
Albany Road
Grosvenor Road
Belgrave Road
Harleyford Rd.
Elms Lane
Parry St.
The Oval

Blick von der Tower Bridge auf das London des beginnenden dritten Jahrtausends. Hier ist man mehr denn je geneigt, dem jungen Komponisten Felix Mendelssohn-Bartholdy (1809–1847) zuzustimmen, der am 25. April 1829 aus London an seine Familie schrieb: „Es ist entsetzlich! Es ist toll! Ich bin konfus und verdreht! London ist das grandioseste und komplizierteste Ungeheuer, das die Welt trägt."

Impressum

Buchgestaltung
www.hoyerdesign.de

Karte
Fischer Kartografie, Aichach

Audio
Für die TING-Audioversion wurden die Texte in englischer Sprache gelesen von:
Elisabeth Winterwerb-Cossons, Stromberg

Die Aufnahmen entstanden im
Tonstudio Würzburg
www.tonstudio-wuerzburg.de

Alle Rechte vorbehalten

Printed in Germany
Repro: Artilitho snc, Lavis-Trento, Italien
    www.artilitho.com
Druck und Verarbeitung: Offizin Andersen Nexö, Leipzig
© 2011 Verlagshaus Würzburg GmbH & Co. KG
© Fotos: Tina und Horst Herzig
© Texte: Georg Schwikart

ISBN 978-3-8003-4123-8

Unser gesamtes Programm finden Sie unter:
www.verlagshaus.com

So einfach funktioniert Ting. Der Hörstift.

1. Bitte TING einschalten.
Hinweis: Den Einschaltknopf 2 Sekunden lang gedrückt halten – TING bestätigt dies durch ein kurzes Signal.

2. Bitte tippen Sie mit TING einfach auf diese Markierung. So aktivieren Sie TING für dieses Buch.
Hinweis: TING bestätigt die Aktivierung durch ein kurzes Signal. Bitte wiederholen Sie die Aktivierung, falls Sie in der Zwischenzeit andere Buchtitel aktiviert haben.

3. »Los geht's. Das Buch lebt.«
Erleben Sie jetzt mit TING dieses Buch in einer neuen Dimension. Wir wünschen Ihnen viel Vergnügen.
Hinweis: Mehr über TING und weitere Bücher mit TING erfahren Sie in Ihrer Buchhandlung oder direkt unter www.ting.eu

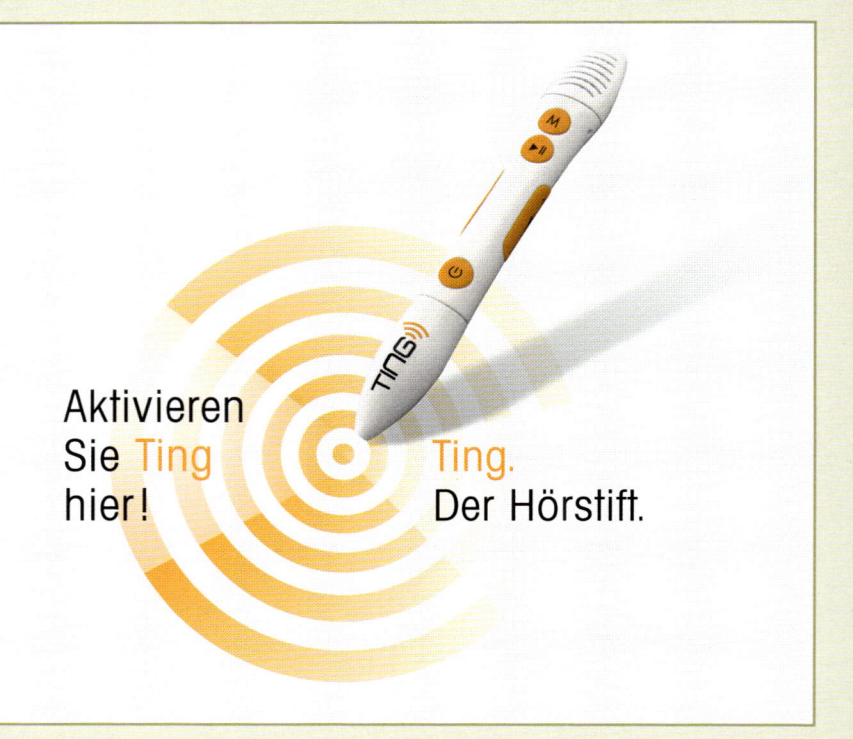

Aktivieren Sie Ting hier!

Ting. Der Hörstift.